中华先锋人物
故事汇

焦裕禄

把我埋在沙丘上

JIAO YULU
BA WO MAI ZAI SHAQIU SHANG

吕丽娜 著

图书在版编目（CIP）数据

焦裕禄：把我埋在沙丘上／吕丽娜著．— 北京：党建读物出版社；南宁：接力出版社，2019.4
（中华人物故事汇．中华先锋人物故事汇）
ISBN 978-7-5099-1078-8

Ⅰ.①焦…　Ⅱ.①吕…　Ⅲ.①传记小说－中国－当代　Ⅳ.①I247.5

中国版本图书馆CIP数据核字(2018)第276577号

焦裕禄——把我埋在沙丘上

吕丽娜　著

责任编辑：	朱晓颖　商　晶
责任校对：	张琦锋　杨　艳　刘艳慧
装帧设计：	严　冬　许继云　　**美术编辑**：高春雷
出版发行：	党建读物出版社　接力出版社
地　　址：	北京市西城区西长安街80号东楼（邮编：100815）
	广西南宁市园湖南路9号（邮编：530022）
网　　址：	http://www.djcb71.com　　http://www.jielibj.com
电　　话：	010-65547970/7621
经　　销：	新华书店
印　　刷：	保定市中画美凯印刷有限公司

2019年4月第1版　　2023年5月第12次印刷
787毫米×1092毫米　32开本　　5.375印张　　80千字
印数：108 001—113 000册　　定价：20.00元

版权所有　侵权必究

质量服务承诺：如发现缺页、错页、倒装等印装质量问题，可直接联系本社调换。
服务电话：010-65545440

目 录

写给小读者的话 ············· 1

少年和独轮车 ············· 1
追逐风沙的人 ············· 9
大地在梦里翻了个身 ········ 15
草木的性情，人心的温度 ···· 21
泡桐树，泡桐树 ··········· 25
麦田里的新居民 ··········· 29
一片泡桐叶，一块钱 ········ 35
在天和地之间 ············· 41
为你骄傲，为你心疼 ········ 45
泥土的味道 ··············· 51
如获至宝 ················· 57

提灯人············61

"班长"焦裕禄和他的"同学们"···69

焦书记会怎样选择··········75

做焦裕禄的孩子真棒·······83

一块豆面馍············89

大雪纷飞的日子·········95

焦书记奖的大红花········101

看鱼记··············109

请给那些最平凡的人照相吧···117

爸爸是怎样的人·········123

旧藤椅记得············131

请带一束麦穗给我········139

小继焦的故事··········143

我的名字叫"焦桐"········149

种下泡桐树,引来金凤凰····153

眼里的景,心里的景·······157

写给小读者的话

亲爱的小读者，打开大大的中国地图，沿着九曲十八弯的黄河寻找，你一定能找到一座叫作兰考的小城。这是一座盛产小麦、大豆和泡桐树的小城，半个多世纪以来，这座小城和一个闪闪发亮的名字紧紧地联系在一起，这个名字就是焦裕禄。

一九六二年冬天的一个傍晚，四十岁的焦裕禄乘坐着老式的绿皮火车来到河南兰考，成为兰考新上任的县委书记。他在兰考工作生活了四百七十五个日日夜夜，创造了一个又一个奇迹——

他来之前，兰考是座风沙肆虐的小城，无数庄稼被毁，他来之后，兰考日渐风清日朗，沙地一点点变成绿洲；

他来之前，兰考有大片的盐碱地，寸草不生，他来之后，盐碱地被改造，慢慢变成良田；

他来之前，兰考连年发生洪灾，他来之后，疏通大小河流水道，排涝工作顺利开展；

……

这一切究竟是怎样做到的呢？打开这本书，一起来认识一下这位平凡又伟大的县委书记吧！

少年和独轮车

清晨,太阳升起来了。明亮的晨光穿透薄雾,温暖着多灾多难的大地。

吱扭,吱扭……山东淄博,一条长长的、蜿蜒的山路上,一辆破旧的独轮车正艰难地前进着。山路坑坑洼洼很不好走,独轮车一会儿歪向左边,一会儿扭向右边,仿佛随时都会翻倒,但推车的少年,却一脸的坚定和执拗,目光闪闪发亮。

少年的名字叫焦裕禄,不久前刚刚辍学。回想上学的那些日子,他的心里仍觉得热乎乎的。虽然家里很穷,总是吃不饱,穿不暖,但只要能和别的孩子一样背上书包上学,焦裕禄就觉得心满意足。他多么喜欢学习认字、写字啊！他爱写大仿，那一个个方方正正的大字，看得人心里亮堂；他也爱写小楷，那一排排整齐的小字，看得人内心雀跃……

买纸笔的钱，是焦裕禄自己用劳动换来的。每天放了学，他就上山去砍柴。到了赶集日，他就到集上卖掉砍来的柴，再去买纸笔。赶集回来的路上，怀里揣着崭新的纸笔，焦裕禄总觉得，自己也是个富有的人。

这段美好的时光持续了四年。这四年里，家里的经济状况越来越糟糕，到最后，焦裕禄再也没办法继续上学了。于是他辍了学，开始每天推着独轮车运油，挣一点儿钱补贴家用。

生活的重负骤然压在了这个小小少年的肩膀上。而他，心平气和地接下了这份重负，没有唉声叹气，更没有痛哭流涕。他天生就是个勇敢、无畏、不向命运低头的孩子，他的心里有一簇闪亮的小火苗，在他栉风沐雨的一生里，始终未曾熄灭。

面对苦难，诗人泰戈尔说："你的负担将变成礼物，你受的苦难将照亮你的路。"对于少年焦裕禄来说，那段推独轮车的艰难岁月，磨砺了他的意志，强健了他的筋骨，也造就了他严肃多思的性格。当他推着他的旧独轮车，吱扭吱扭地在山路上艰难前行时，他的脑海里时常浮现出各种各样的疑问：

为什么，他们全家人拼命劳动，却仍然连糠菜也吃不饱？

为什么，饱受病苦的爷爷没有钱去看病？

为什么，地里的庄稼时常遭灾，而人们只能唉声叹气，连一点儿对抗自然灾害的力量都没有？

为什么，人生下来就不平等，有的人生下来就是财主，而有的人生下来就是长工？

为什么，我们的大中国如此羸弱，常常受别国欺负？

……

虽然这么多疑问对于少年焦裕禄来说一时找不到答案，但他却在心里悄悄地许下了最朴素的心愿：将来，一定要靠自己的力量，让家人吃饱、穿暖，小孩子有学上，老人生病了有药可医。爷爷给

他取名裕禄，那是一份对富裕生活的期盼，而他，一定要努力，让这份期盼变成现实。

许多年后，当初的小小少年早已成长为铮铮铁汉，成为一名优秀的中国共产党党员。他接受过战斗的洗礼，克服过各种各样的困境，经历过各种各样的考验。一九六二年冬天，他被派往河南兰考，成为兰考新上任的县委书记。虽然年过不惑，但他的心里藏着的，仍是和少年时期一样的朴素心愿。他希望用自己的努力，让家人吃饱、穿暖，小孩子有学上，老人生病了有药可医，大家一起过上富裕的生活。

只是现在，他的家比从前大了几十万倍。他的家，名字叫兰考，一座黄河边的小城，一共有三十六万人口。

初来乍到，焦裕禄意气风发，摩拳擦掌。然而，展现在他眼前的兰考大地却是一幅怎样的景象啊——

这一年，兰考接连遭受严重的自然灾害，粮食几乎绝收，人们只能靠政府的救济生活，根本不能解决温饱，成千上万的人选择出门去逃荒、讨饭。

实际上，兰考一直就是一个多灾多难的地方。黄河九曲十八弯，最大的一个弯就在兰考。几百年来，黄河多次泛滥、改道，给兰考留下的是风沙、盐碱、内涝三害。自南宋以来，横穿河南的黄河多次决口，十年九灾。旱时禾苗枯焦，涝时平地行船。黄河的泛滥和改道，一次次淹没良田，留下的，是大大小小的沙丘和大片的盐碱地。沙丘连绵起伏，寸草不生，风起沙舞，沙丘随风滚动，无情地毁掉人们辛苦种下的庄稼。盐碱地则是"风吹白云起，六月遍地雪"，夜里走路都不用打灯笼，庄稼很难存活……

眼前这满目疮痍的景象，当然让焦裕禄感到无比痛心。然而，焦裕禄是一个不服输的人，困境从来不会让他低头，只会激发他的斗志。"困难像弹簧，看你强不强。你强它就弱，你弱它就强。人是活的，困难是死的。人能够克服困难，困难压不倒人！"这几句话是他常常挂在嘴边的，也是他的人生信条之一。

焦裕禄郑重地写下了战斗誓言:

拼上老命,大干一场,
决心改变兰考面貌!

是的,他要战风沙,战洪水,战盐碱,他要让兰考改天换地,还三十六万兰考人一方乐土,让大家全都过上好日子!

追逐风沙的人

起风了。长长的黄河故道上,扬起漫天沙尘。

随着风势增大,一道赭黄色沙柱拔地而起。沙柱在大风里盘旋着,变得越来越粗,仿佛活物一般,踏着疯狂的步调一路前进……

这只是寻常的一天,而这幅景象,也是兰考人看惯了的寻常景象。多少年来,风沙一直都是这样肆意地在兰考这块土地上耀武扬威,神气活现,一路上毁坏庄稼,破坏房屋,堵塞水井……

然而这一天不寻常的是,一个身姿矫健、神情坚定的男子,带着一支十几个人的队伍,紧跟着沙柱疯狂的步调疾步猛追。风沙恣意惯了,这还是它第一次被人们紧紧追赶。这似乎惹怒了它,于是它变得更加狂暴了。沙子无情地打在那些追逐风沙的人的脸上，灌进他们的嘴巴里，鼻孔里，耳朵里……

这个身姿矫健、神情坚定的男子，就是兰考新上任的县委书记焦裕禄。他刚上任没多久，就雷厉风行地组织了这支调查队。因为他知道，想要打败风沙这只怪兽，首先就是认识它。不是肤浅地认识，而是要把它摸得透透的，要熟悉它的步调，要记录下它在空中走过的所有的路。

黄河大堤上，竖着一个高高的测量架。焦裕禄看到了，立刻疾步走过去，开始向上攀爬。

"焦书记，让我上吧！"

"焦书记，危险，让我上吧！"

"焦书记，还是我来吧！"

……

调查队的成员们抢着说。但焦裕禄默默地径直向上爬着，狂风吹得他的身体左右摇晃，但他丝毫没有畏惧，就这样一直爬上了最高处。

站得高，看得远。焦裕禄往西北方向看去，很快发现盘旋在空中的赭黄色沙柱一共有三股,这也说明,在那个方向存在着三个风口。焦裕禄从怀里掏出笔记本,认真地记录、画图。

调查队的成员们簇拥在测量架周围,充满敬意地望着焦裕禄。这些调查员有的是技术员,有的是干部,有的是兰考的普通百姓。他们的脸庞有的还很年轻,有的饱经风霜。虽然肆虐的风沙让他们全都看起来灰头土脸,但此刻他们的心里都是亮堂的,因为这位新来的焦书记在他们心里重新点亮了希望——战胜风沙,过上富足生活的希望。

回想过去的这些年,风沙真的把兰考人害苦了。春天里,每当大片大片绿油油的麦苗蓬勃生长,人们的心里总会油然生出对丰收的希冀。但对于兰考人来说,这份希冀总是伴随着无休止的担忧和忐忑,因为只要连续来几场大风沙,他们所有的汗水和努力都会白费,他们所有的希望都会化成泡影。而一连数年,风沙几乎从不缺席兰考的春天。就拿刚刚过去的一九六二年来说吧,这一年春天,大大小小几十场风沙,毁掉了兰考二十万亩的麦田。受灾最严重的金寨村,这一年种了二百四十亩小麦，后来只剩下了十八亩，最后的收成，竟只有八十多斤。金寨村有二百七十口人，辛苦劳动了一季，最后的收成，平均每人就只有不到二百克。

这是个令人绝望的数字。这是一份让人透心凉的绝望。所以，这一年，当焦裕禄乘着火车来到兰考时，他看到火车站挤满了想要逃离兰考的人。他到县委报完到，迫不及待地下乡考察灾情时，发现几乎家家户户都在靠着政府每天补助的二两地瓜干苦撑苦熬，揭开锅盖一看，除了沙子，什么都看不到。看到这番情景，焦裕禄不禁潸然泪下。

焦裕禄顾不上整理好自己的行李，就立刻投入到战胜自然灾害的战斗之中。而组织"三害"调查队，便是他打响的第一枪。

焦裕禄痛下决心，要亲自把兰考县一千零八十平方公里土地的自然情况摸透，掂一掂兰考的"三害"到底有多大分量。

一九六三年二月，兰考县委从全县抽调一百二十多名干部、技术员和老农，正式成立了"三害"调查队。焦裕禄宣布自己既是这支调查队的队长，又是队员。

整个风沙滚滚的春天里,"三害"调查队扛着标尺,带着仪器,天天追着狂风跑。最终,他们查清了:兰考从西到东,共有大风口八十六个,沙丘二百六十一个,沙丘群六十三个。每个沙丘的方位、面积、高度都画了图,编好了号。

接下来的夏季连续下了多场暴雨,大片庄稼都被淹没,不少村庄被洪水包围。在焦裕禄看来,这正是调查水路的好机会。为了彻底查清水路,"三害"调查队跋涉了近五千里,把全县的每条河流、沟渠都调查得清清楚楚,并且绘成了详细的排涝泄洪图。

十一月,"三害"调查队又对兰考的盐碱地展开了调查,走遍全县的二十六万亩盐碱地,对土地进行了丈量、分类,并采集了大量的泥土样本。

"三害"调查队历时几个月的辛苦奔波,换来了一整套又具体又详细的资料,使县委基本上掌握了水、沙、碱发生、发展的规律,为战"三害"提供了一份有利的依据。

大地在梦里翻了个身

已经记不得有多久了。

这片土地一直沉沉地睡着、梦着。

它总是梦见久远的从前。那时它是一片充满活力的肥沃土地，草木葱茏，花朵盛开。人们在这里辛勤地劳作，庄稼一茬茬地蓬勃生长。

然而最近几百年，风沙来了。风沙一点儿一点儿地侵袭着这片土地。它变得不再肥沃了，最终，土壤被风蚀，植被被破坏，农田被掩埋，沃土变成了荒漠。

大地失去了活力，变得疲惫不堪，长久地陷入了沉睡……

直到有一天，它忽然醒来了。

它是被成百上千人的脚步声,被无数把铁铲铲土的声音,无数辆小推车车轮滚动的声音,还有男女老少谈话的声音惊醒的。

这人头攒动、热火朝天的景象,是从来也没有过的!这么多的人,是整个兰考的男女老少都出动了吗?他们要做什么?

这并不是异想天开,兰考人决心要把整个大地翻一个身!这声势浩大的一幕,正是县委书记焦裕禄在一九六三年组织的大规模"胶泥固沙"行动。

胶泥固沙,简单说,就是把土地深挖半米左右,把下层的胶泥翻上来压住沙子,因为胶泥富有黏性,可以起到很好的固沙作用,这样就能立竿见影地解决一起风就飞沙漫天、大大小小的沙丘随风滚动的问题了。

焦裕禄想出这个办法,是受了一位名字叫魏铎彬的农民的启发。

魏铎彬的母亲去世了,墓地建在一个名字叫彭庄的小村庄。这个小村庄已经被沙丘吞没,村民们也早都搬走了,但魏铎彬仍常常回到那里,照看母亲的墓地。那里风沙特别大，母亲墓地上的土常常被狂风刮走，露出棺木。每一次魏铎彬会仔细地把墓修好，但很快狂风就会把土再次刮走。后来，魏铎彬想出一个办法，把土壤下层的胶泥挖出来，盖在墓地上。从那以后，狂风再也不能把墓地上的土刮走了。

焦裕禄偶然听说了这件事情，深受启发。一段时间以来，他一直在寻找一种可以快速有效固沙的方法。曾经有人向他提议，可以参照国外一种沥青固沙法，在每亩沙丘上，使用三十公斤的沥青固沙。沥青固然好，但是很贵，所以不适合兰考的情况。不过，既然兰考的土壤下层大都有这种红色的胶泥，如果能把这些胶泥全部翻上来，不是可以起到沥青一样的效果吗？

胶泥固沙的初步想法让焦裕禄兴奋起来，他决定先做一次小实验。这天早晨，焦裕禄组织了十几位领导干部，选了一个一亩地大小的沙丘，开始实验胶泥固沙。焦裕禄卷起袖子，挽起裤脚，第一个干了起来。铁锹深深地挖下去，很快，红色的胶泥便露了出来，焦裕禄的脸上也露出了明朗的笑容。其他人也很快拿起了铁锹，奋力地干了起来。最后，当整个沙丘被红色胶泥覆盖，远远望去像从空中落下的一朵红云时，焦裕禄看了一下手表：从开始到结束，只用了不到三个小时。

这个小实验的成功让在场所有的干部也都兴奋起来。兰考虽然贫苦，但人力是充足的。既然一亩大小的沙丘，十几个人用不到三个小时就能让它"翻一个身"，那么，只要能把成千上万的兰考人调动起来，男女老幼齐上阵，能担的担，能抬的抬，能挖的挖，能运的运，就这样干上一年，两年，不就可以让整个兰考来一个大翻身了吗？

焦裕禄趁热打铁，开始把胶泥固沙的方法在全县逐步推广。

先是张君墓公社的一个三十亩的沙丘被封闭了。这次行动用了两天时间，行动结束后，很快刮了一场七级大风，而这个被封闭的沙丘完美地经受住了考验。它再也不像从前那样随风滚动，附近的麦苗也全都完好无损地存活了下来。

接下来，爪营公社的十七个沙丘被封闭了，一共一千多亩的沙丘全部盖上了半尺厚的胶泥。

这次行动用了三十多天的时间，也取得了令人欢欣鼓舞的成效：这十七个被封闭的沙丘经历了多次七级以上的大风，没有给附近的庄稼造成一点儿损失。

于是整个兰考行动起来了，人们热烈响应，全情投入，一场改天换地的战斗轰轰烈烈地打响了。经过了一个冬天加一个春天的奋战，兰考危害最大的一些沙丘已经全部完成了胶泥固沙。

这个新来的春天虽然还是接连刮着大风，但却再也不能像从前那样，耀武扬威地扬起漫天沙尘了。兰考的天空清朗了，人们的心里，也不再阴霾密布。

焦裕禄知道，这只是初步的胜利。万里长征，才刚刚迈出第一步。他告诉大家，把胶泥盖在沙子上，就好像给沙地贴上了膏药，然后再在上面种上树，就好像给沙地扎上了针。从给沙地治病来说，这还只是个救急的办法。

"造林固沙，百年大计，育草封沙，当年见效，翻淤压沙，立竿见影。三管齐下，密切结合，才能根治风沙的危害。"焦裕禄在他的工作总结中这样写道。

　　的确,前路还很长。

　　但,前路已被希望点亮。

草木的性情，人心的温度

花生，是一种耐旱的植物，喜欢在沙地生长。沙土因为具有黏性低、气孔多、透水性强的特点，特别适合种植花生。

所以，花生在兰考可以生长得很好。

枣树，是一种生命力很强的树，能适应各种各样的土壤。枣树不怕旱，也不怕涝，即使根部积了很深的水，也仍然可以生长。

所以，枣树在兰考可以生长得很好。

三春柳，是一种很特别的柳树，它春天开一次花，夏天开一次花，秋天开一次花，一年开三次花，过三个春天，所以，人们就把它叫作三春柳。三春柳最适合在盐碱地生长。

所以，三春柳可以在兰考生长得很好。

……

作为兰考的县委书记，焦裕禄需要处理的工作很多，需要参加的会议很多，但只要有一点儿时间，他就会骑上他那辆破旧的自行车，往乡下跑。短短几个月时间，他便踏遍兰考的村村落落，熟悉了兰考的一草一木。草木有草木的性情，尽管兰考的自然条件并不得天独厚，春天有风灾，夏季有内涝，还有大片大片的盐碱地，但还是有许多种性情坚忍的植物，可以在这片土地上很好地生长。这给了焦裕禄很大的信心，他相信只要好好计划，合理安排，兰考将来一定也可以成为欣欣向荣的富足之地。

一方水土养一方人。兰考的植物是性情坚忍的，兰考的人们也是如此。焦裕禄很喜欢到这些最平凡的人中间去，和他们谈话。只要时间允许，他就挨家挨户走访。从这些贫苦的人身上，焦裕禄获益良多。特别是在走访老韩陵村的时候，焦裕禄认识了一位名叫肖位芬的老人。这位老人是个地地道道的农民，辛勤劳动了一辈子，积累了丰富的生活智慧，人也十分爽朗、健谈，和焦裕禄一见如故。

焦裕禄第一次见到肖大爷是在一九六二年的十二月九日，当时，肖大爷正在牲口棚前忙忙碌碌。焦裕禄看到，肖大爷打理的这个牲口棚井井有条，大大小小的牲口也都被他养得健康、壮实，惹人喜欢。在这样的灾年，能把牲口养得这么好实在不容易，焦裕禄的心里也对肖大爷油然生出了几分敬意，他立刻诚恳地向肖大爷请教，请他介绍照顾牲口的经验。

"啥经验啊！"肖大爷憨厚地说，"咱庄户人家哪，就靠心眼实在。年成不好，很多人把牲口撂下，不喂了，那咱就喂呗。遭灾了，没草料，咱就割自留地的麦子喂牲口。"

听了肖大爷这番话，焦裕禄心里的敬意更深了。他决定留下来，和肖大爷同吃同住，好好地向肖大爷学习、请教。

焦裕禄的诚恳和谦虚让肖大爷很感动。他怎么也想不到，兰考的这位县委书记如此平易，如此亲切。他很快就打开了话匣子，毫不保留地把自己所知道的，所想到的，全都告诉了焦裕禄。整整三个晚上，焦裕禄和肖大爷彻夜长谈。这三个夜晚，焦裕禄学到了许多坐在办公室里永远也学不到的东西。他事先准备好的一个本子，也在这三个夜晚被他写得满满当当。

肖大爷给焦裕禄提出了许多在兰考治理灾害、发展生产的建议。其中，最宝贵的一条，就是关于泡桐树的。

肖大爷告诉焦裕禄，想治盐碱最好种泡桐树，泡桐树有四个好处，一是喜沙壤，二是长势猛，三是不遮阳，四是扎根深。沙土窝里种泡桐树，能挡风防风、压沙固沙。

焦裕禄在他的本子上写下了"泡桐树"几个字，还很郑重地把这几个字圈了起来。

焦裕禄正是这样开始了和泡桐树的不解之缘，而泡桐树，也在兰考治理"三害"的大计划里，发挥了举足轻重的作用。

泡桐树，泡桐树……

泡桐树是一种高大、美丽的树。

五十多年前，焦裕禄选择了泡桐树，让这种美丽的树成为兰考向"三害"宣战的利器。

当然，焦裕禄选择泡桐树，并不是因为泡桐树的高大和美丽。他之所以选择泡桐树，是因为泡桐树生长速度很快，只需要两三年的工夫，就可以从一棵小小的幼苗长成碗口粗、丈余高的大树。而且，泡桐树耐寒耐旱，耐盐耐碱耐风沙，即使在极其贫瘠的土壤中也能很好地生长。

自从肖大爷向焦裕禄提了关于种泡桐树的建议后，焦裕禄就开始思考在兰考大规模种植泡桐树的可行性。肖大爷所在的老韩陵村，土质特别适合种泡桐树，所以很多户人家都在房前屋后种了泡桐树。焦裕禄听说，靠近村边有一户人家，只有老两口儿，院里院外种了三十多棵泡桐树，长得特别好，如今皆已成材，于是焦裕禄立刻跑去向两位老人请教。老两口儿自豪地告诉焦裕禄，有了这些泡桐树，他们就吃穿不愁，只要一年卖一棵树，过日子的钱就有啦。

"可是，每年卖一棵树，年年卖，总会有卖完的时候啊。"焦裕禄提出了自己的疑问。

老大爷呵呵地笑了。"掘了树，树根还在啊，"老大爷解释道，"来年春天照样发芽、抽条，长出好些小苗来。俺留下最壮实的一棵，其余的拿到集市上卖树苗。这泡桐树啊，长得可真是快，一年一根杆，两年粗如碗，三年能锯板，一年掘一棵，富贵不到头！……"

老大爷的话让焦裕禄深受鼓舞，也让他更加深了对泡桐这个树种的了解。他决定，就在老韩陵村这里建苗木试验场，大面积种植泡桐树。

很快，老韩陵苗木试验场就建立了，还有两位林业大学毕业的、专门研究泡桐树栽培技术的大学生被分配到这里，负责泡桐树的培育工作。

因为买不到种苗，大家决定采用应急的办法，把一棵大泡桐树刨了。正如那位种了三十多棵泡桐的老大爷所说，在大树坑的周围，发出了许多嫩芽。只要用心栽培，每棵嫩芽都可能长成一棵泡桐树。采用这种方法，一棵老树可以发出一百多棵树芽。另外，把泡桐树的树根剪成一段一段的，埋进土里，只要用心培育，也可以发芽，长出树苗来。由此可见，泡桐树的生命力可真是太顽强了。

经过一段时间的努力，老韩陵苗木试验场里，长出了一行行整齐的、绿莹莹的泡桐树苗。这些幼嫩的泡桐树苗紧紧牵动着焦裕禄的心，他三天两头地往试验场跑。小树苗们每长高一点点，每多出一个枝丫，每长出一片新叶，都会令他心花怒放；每一个大风天，每一个下雨天，他的心里都会生出对这些幼嫩小苗的担忧和牵挂。

这些泡桐树苗没有辜负焦裕禄的期望，它们日渐蓬勃向上，日渐挺拔强壮，绿意葱茏。

这片葱茏的、充满希望的绿意,让焦裕禄的心变得明亮起来,让每个兰考人的心变得明亮起来……

麦田里的新居民

兰考的春天再次来临。

一望无垠的麦田里,麦苗青青,长势喜人。在每一位农民的心里,绿油油的麦田是春天里最美好的风景。不过,这一年的麦田,与从前有了大不同。麦田里,多了一棵棵清秀挺拔的泡桐树。

要是你感到好奇,想知道这些麦田里的新居民是怎么回事,只要随便拉住一位在麦田劳作的农民,他就会乐呵呵地告诉你——这个嘛,是焦书记在兰考全县推行的农桐间作,就是在同一块地里同时种农作物和泡桐树,以农作物为主,兼种泡桐树,大约每亩农田里,种上四棵泡桐树。

要是你继续追问农民:农桐间作有什么好处

吗？泡桐树会不会抢夺农作物的营养？会不会挡住阳光，使得农作物光照不够？他们多半会憨厚地笑着说，这些还是去请教苗木试验场的小朱吧，人家才是专家嘛。

的确，朱礼楚是一位当之无愧的种植泡桐树的专家。兰考的农桐间作大计划里，饱含着小朱的汗水和泪水，梦想和希冀。所以，小朱乐于回答任何关于农桐间作的问题。

"农桐间作的好处大着呢，"他会这样告诉你，"首先，可以使农作物增收。泡桐树扎根很深，从土壤深处吸收营养，所以，不会抢了农作物的营养。别看一亩地只种四棵泡桐树，却能很好地为农作物挡住风沙，特别是消除热干风，对改变农田小气候十分有效，每亩地的粮食能增产20%左右呢。其次，泡桐树成材以后可以卖钱，可以给农民带来一笔不菲的收入……"

小朱是个文静、清秀的年轻人，话并不多，但只要提到焦裕禄这个名字，他的眼睛里便会有光芒闪过，他会打开话匣子，讲起他和焦裕禄之间的故事——

从林业大学毕业后，小朱怀着热情和梦想奔赴兰考，决心要为兰考的林业发展贡献自己的青春和力量。可是，当他踏出火车的车厢，踏上兰考土地的那一刻，他的决心就开始动摇了。那天的风很大，漫天的沙尘落在他的头发里，耳朵里，鼻孔里。他开口想要说话，喉咙里立刻有种沙沙的感觉，他赶紧闭上嘴巴，牙齿竟咬到了咯咯响的沙子！他问自己，这样的环境，他真的能长期坚持下去吗？

更大的考验还在后面。小朱是江西人，从小是吃着软软糯糯的米饭长大的，但是到了兰考后，却几乎一天三顿只能吃到红薯面窝头。红薯面窝头刚出锅时还算软和，但很快就变得又干又硬，难以下咽，对于小朱的肠胃真是一种巨大的考验。

渐渐地，他生出了离开兰考的念头。但他也知道，离开，就意味着背弃自己的梦想，所以他一日日犹豫着，迟疑着，心里很是痛苦。有几次，他真的已经来到了火车站，但到最后，他还是下不了决心。

这天，焦裕禄兴冲冲地来找小朱。焦裕禄推着

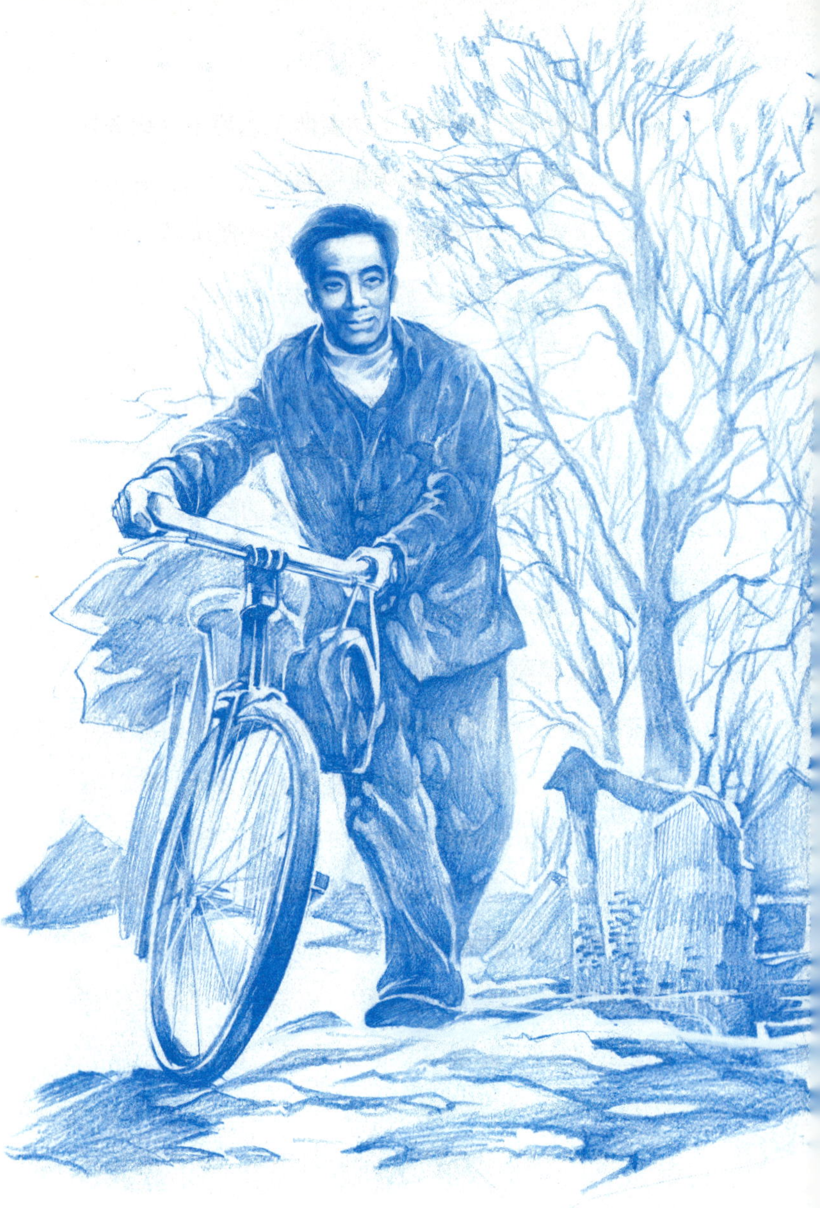

他的破自行车，后车座上驮着两个大袋子，满头大汗，风尘仆仆，脸上却满是笑容。

"两袋大米，送给你的！"焦裕禄说着，把两个大袋子从自行车上搬了下来，"我知道你吃不惯红薯面窝头，这些大米先给你改善伙食吧。还有啊，我已经向县委申请过了，照顾到你的情况，以后会尽量给你配给大米的！"

小朱望着那沉甸甸的两袋子大米，一时说不出话来。在那时的兰考，这样的两袋大米是多么珍贵的馈赠啊！焦书记的这份关心和情谊，让小朱的心里感到暖洋洋的。

更让他感到温暖的，是焦书记的一番肺腑之言。焦书记对他说："咱们兰考是风沙区，又连年遭灾，生活条件肯定是艰苦了些。可是，咱们兰考也是个大有可为的地方啊。兰考有九十万亩耕地，我们规划了四十万亩农桐间作，对于像你这样的研究泡桐树的大学生，是个可以大展宏图的地方啊。你想啊，到哪儿还能找到这么大的研究基地啊？"

"你看，那棵泡桐树为什么长得好？因为它的根扎得深啊，"焦裕禄指着一棵枝叶繁茂的泡桐树说,"做人也是一样,选好一个地方就要扎下根来,坚定,踏实,不畏惧风吹雨打。就像这棵泡桐树,根深才能叶茂啊……"

和焦书记的这次谈话之后,小朱的心安定了,他心无旁骛地投入工作中,再也没有动过离开兰考的念头。

很久以后小朱才知道,其实焦书记当时已经病得很重了。焦书记送给他的那两袋大米,是县里考虑到焦书记的身体情况特别配给的。可是焦书记却牵挂着年轻的小朱,一粒米也没有留给自己。

一片泡桐叶，一块钱

宁静的夏日傍晚，一个四五岁的小男孩正在路边玩耍。

"小朋友，你好啊！"一个声音说。

小男孩抬起头，看见一位叔叔正和气地冲他笑呢。小男孩也咧嘴一笑，他觉得这位叔叔很亲切，是个好人。

"小朋友，"那位叔叔指着路边的泡桐树树苗说，"你能不能帮我去摘一片泡桐叶？"

"不行！"小男孩一听，吓了一跳，"不可以摘泡桐叶！妈妈要打的！"

"不会不会，妈妈不会打的，来，我和你一起去摘。"叔叔说着，拉起小男孩的手。

"不可以摘泡桐叶！不可以摘泡桐叶！"小男孩急了，哇哇大哭起来。

"好，好，不摘，不摘！"叔叔一看小男孩哭了，连忙又哄又劝，还从口袋里掏出一颗糖果给他。

小男孩一边美美地吮着糖果，一边望着叔叔离开的背影，他想：这位叔叔可真是奇怪呀。

……

一群戴红领巾的小学生走在放学的路上。

"快看，那边！"一个小学生突然指着不远处，惊叫了一声。

伙伴们顺着他指的方向看过去，有一位叔叔正走到一棵泡桐树树苗的旁边，伸出了手。

"不可以！"小学生们连忙大声叫着跑上前去。可是来不及了，那位叔叔已经咔的一声，摘下了一片泡桐叶。

"这泡桐叶当扇子，再舒服不过啦。"那位叔叔满意地自言自语，可一抬头，却发现自己被一群怒气冲冲的少先队员围住了。

"不可以摘泡桐叶！罚钱，罚钱！"少先队员们七嘴八舌地说。

"我就摘了一片!下次不摘啦!"叔叔赶紧说。

"一片也不行!罚钱!罚钱!"少先队员们不肯放叔叔走。

"好,好,我认罚!"叔叔认输似的说,"一片泡桐叶,多少钱?"

"一片泡桐叶,一块钱!"少先队员们回答。

叔叔立刻掏出了一块钱,交给了少先队员。

"我下次再也不摘泡桐叶啦。你们都是护林小英雄!"叔叔笑着对少先队员们说。

望着叔叔离开的背影,少先队员们都觉得,这位叔叔真怪呀,挨了罚,怎么像得了奖一样高兴呢?

……

少先队员们哪里知道,这位违反规定、犯了错误的叔叔,正是县委书记焦裕禄。

其实,焦裕禄今天正是下乡来检查护林工作的。"造林容易,护林难。"这些日子,护林工作让他操碎了心,成千上万棵新种下的小泡桐树让他牵肠挂肚。为了让护林工作深入开展,他做了大量工作，组建了林业派出所，还在每个村都抽出专门的护林员，日夜巡逻；各个主要路口都设了林业宣传站，向每一个过路人宣传林业政策……

所以，当今天焦裕禄看到，就连一个四五岁的小娃娃都知道要爱护泡桐树的时候，他的心里真的十分欣慰。接下来他遇见的一幕，更加深了他的欣慰之情——

在一片空地上，围着一群神情肃穆的人。焦裕禄好奇地走过去，发现他们竟然是在给一棵折断的泡桐树苗开"追悼会"。原来，三位农民在地里劳动的时候，不小心碰到了一棵泡桐树苗，把树苗给碰折了。

"是我的错！都怪我没有牵好牲口！"一位农民说。

"是我没有扶好耧把，是我不好！"第二位农民说。

"我们犯了错误，我们负责！弄折一棵泡桐树，我们负责栽三棵……"

看着眼前这一幕，焦裕禄由衷地笑了。人人都这么爱护小树苗，他的百年造林大计何愁不能实现呢？总有一天，兰考将不再有风沙，变成一座洁净、美丽的绿色城市。

在天和地之间

大雨连续下了几天几夜。

兰考人把这种雨叫白帐子雨。雨水下得那么大,那么急,连天接地,天地一色,仿佛是从天而降的巨大的白帐子。

大雨淹没了庄稼,也浇灭了人们心头希望的小火苗。天地之间,仿佛空无一物,只剩下这滂沱大雨。

金营大队地势低,是受灾最重的地方。这天晚上,几个大队干部聚集在一间办公室里。煤油灯闪着昏暗的光,大家都沉默着,房间里只有此起彼伏的叹气声。

忽然,有个大队干部从口袋里掏出一张写着打油诗的纸，念了起来："吃也愁，穿也愁，住也愁，烧也愁，前也愁，后也愁，黑也愁，白也愁，进门愁，出门愁，愁来愁去没有头。"念完最后一个字，他垂下头呜呜哭了起来。他这一哭不要紧，其他人也都跟着哭了起来。

就在这时候，办公室的门砰地开了，焦书记的身影映入人们眼帘。

屋外仍然是连天接地的白帐子雨。焦书记站在天地之间，他的身影看起来那么挺拔，那么坚定。看到焦书记，人们的心里就有了微光。

"焦书记，这么大的雨，到处都是水，天又黑，您是怎么来的？"一个大队干部问。

"我呀，坐船来的！"焦裕禄爽朗地说。

"船？哪来的船？"那个大队干部愣了。

"就这艘船！"焦裕禄说完，笑着挥了挥手里的一根长棍子。刚才，他就是靠这根棍子的帮助，一路蹚着水走过来的。

"好了，说说受灾情况吧。"焦裕禄说着，在干部们中间坐了下来。

一听见焦裕禄说这句话，大家的眼泪就又

来了。

"庄稼……全毁了……没法活了!"一个干部哭着说。

"焦书记,大家的心才刚热乎了起来,让场大雨全都浇凉了!"另一个干部也直抹眼泪。

"庄稼叫水淹了,哭有用?"焦裕禄说,"哭了老天爷就把庄稼还给咱们?那好,我带头哭,咱使劲哭!"说完,焦裕禄把头埋进胳膊里假装号啕大哭起来。

看到焦书记这副样子,大伙都被逗乐了,纷纷擦干了眼泪。

"男儿有泪不轻弹啊,同志们!"焦裕禄猛地从椅子上站了起来,"咱们可不能就这么输给老龙王!你们大家都是大队干部,要是你们都在这里哭,那群众该怎么办呢?干部不领,水牛掉井啊!"

焦裕禄的这番话,一字一句,掷地有声。听了这番话,大家都从椅子上站了起来,个个摩拳擦掌,热血沸腾。焦书记说得对,不能就这么输给老龙王,要想办法和老龙王拼一拼,斗一斗!

这个夜晚，金营大队的干部们带领着全大队的人冒着大雨给庄稼挖沟排水，热火朝天地干了整整一夜。

焦裕禄也和大家一起，干了整整一夜。直到快天亮的时候，他才拖着疲惫的身体回到了办公室。在冷雨里待了一整夜，他的肝病发作得十分厉害，痛得几乎无法直起腰来。但眼下的工作堆积成山，他没有时间停下来休息……

为你骄傲，为你心疼

大雨已经下了五天五夜。

焦裕禄的女儿守凤也五天五夜没有见到爸爸了。爸爸一直就是个大忙人，不过自从来到了兰考，爸爸比从前忙了好几倍。

守凤知道，爸爸做的都是大事情。先前爸爸治风沙是大事情，现在爸爸治洪水也是大事情。守凤知道，爸爸是兰考的县委书记，爸爸的梦想，就是让所有的兰考人都吃饱、穿暖，过上富足日子。

想爸爸了，守凤就打开她的课外书，读《大禹治水的故事》——

大禹为了治水，一共花了十三年的时间，其间三过家门而不入。有一次他治水路过自己的家，听到小孩的哭声，那是他的妻子涂山氏刚给他生了一个儿子，他多么想回去亲眼看一看自己的妻子和孩子，但是他一想到治水任务艰巨，只得向家中那茅屋行了一个大礼，眼里噙着泪水，狠心离开了。大禹根据山川地理情况，将中国分为九个州，他的治水方法是把整个中国的山山水水当作一个整体来治理，他先治理九州的土地，该疏通的疏通，该平整的平整，使得大量的地方变成肥沃的土地；然后他治理山路，疏通水道，使得水能够顺利往下流，不至于因淤积而堵塞水路。山路治理好了以后，他就开始理通水脉，长江以北的大多数河流都留下了他治理的痕迹……

这个故事守凤读了许多遍。她喜欢这个故事，觉得大禹是一位治水的英雄。她觉得爸爸焦裕禄也是一位治水的英雄。虽然她不能陪在爸爸身边，但爸爸探水路的故事，她听别人讲过一遍又一遍——

暴雨一开始下，爸爸和他的"三害"调查队就开始行动了。爸爸对大家说："大雨给我们带来了困难，可也带来了机会。不下这么大的雨，怎么能知道它淹到啥程度？只要你查明水情，知道了地势的高低,知道哪里该疏,哪里该堵,就能治住老天,明年咱们就不叫它淹。"

在暴风雨里探查水情是一件多么不容易的事啊!原先浅浅的河沟现在涨满了水,变成了湍急的小河,打着漩儿,泛着泡沫,许多地方水都到了齐腰深,爸爸和调查队的其他队员手拉着手,一点儿一点儿地向前走着,探索着水头的去向。一次,当他们走近一片高地上的瓜棚时,一位老大爷冲他们喊道:"雨这么大,你们跑出来干啥?""我们是查看水路的!"爸爸高声回答。老大爷一听,连忙冒着大雨冲过来。"不能朝前走啦,"老大爷急切地说,"前面是个大深坑,掉下去就没命啦。你们顺着这个方向走,就能绕过大深坑!"爸爸和同志们赶紧道谢,然后又顺着滚滚水流继续前进。

他们就这样一步一步,艰难地走过一座座被水包围的村庄,蹚过一条条的沟渠河道。有许多次,爸爸站在激流中,身边的同志为他撑着伞,他就这样画了一张又一张的洪水流向图。

守凤觉得爸爸真是一个很了不起的人,她在心里为爸爸感到骄傲。"我是焦书记的女儿。"每当这句话闪过脑海,她的心里总会涌出一份自豪和暖意。

守凤为爸爸自豪,也为爸爸心疼。她知道,其实爸爸在来兰考之前就生了肝病。肝病最怕累,爸爸需要充足的休息时间。

可是,爸爸哪里有时间休息啊!

"我会好好休息的。等咱们封固沙丘的工作都完成了,我就奖励自己两天假,好好地睡上两天。"守凤听爸爸这样说过。

"等春种工作顺利结束了,我一定会好好休息两天!"守凤听爸爸这样说过。

"等我把这批救灾物资都送到群众的手里之后,我一定踏踏实实地睡一大觉!"守凤听爸爸这样说过。

"等到今年的造林护林工作全都安排好了,我一定会去趟医院,检查一下身体!"守凤也听爸爸这样说过。

可是守凤知道,爸爸根本停不下来。爸爸要做的工作太多了。爸爸牵挂着的人和事太多了,爸爸把三十六万兰考人全都装在心里,却没有给他自己留下一丁点的地方。

守凤很想为爸爸做点什么。

妈妈正在厨房里煮粥。守凤看到,妈妈一边搅着锅里的粥,一边悄悄地擦着眼泪。妈妈一定也非常担心爸爸的身体。

"妈妈,粥煮好了吗?我趁热去给爸爸送一碗!"

"好。"妈妈转过身,冲守凤微微一笑,然后,妈妈默默地盛好粥交给守凤。

于是守凤端着粥,撑着伞,一步一步地向着爸爸的办公室走去……

以"三害"调查队绘制的排涝泄洪图为依据,焦裕禄召开县委会议,认真做了分析、研究,商定了治理内涝的方案。这年一入冬,县委就组织起千军万马,轰轰烈烈地大干了一场,挖沟,修渠,建闸……掀起了水利建设的高潮。经过一个冬天加一个春天的奋战,整个兰考的内涝区基本实现了小沟通大沟、大沟通河渠,沟沟相通,渠渠相连,形成了一个比较完整的排水体系。与此同时,焦裕禄积极促成河南、山东两省达成协议,用了七天时间,拆除了边界阻水工程——太行水库南堤,恢复了水的自然流势,解决了兰考和山东曹县多年的水利纠纷。至此,兰考的内涝问题基本解决。

泥土的味道

和连年的风沙、水灾一样，盐碱地也是兰考人心里的痛。

兰考，有二十六万亩盐碱地。

人人都知道：建造房屋，地基最重要；喂养牲口，饲料最重要；种植庄稼，土壤最重要。贫瘠的土壤，开不出丰润的花朵；盐碱地里，结不出饱满的果实。盐碱地之所以长不了庄稼，是因为土壤里有太多的盐，土质就变得极差，庄稼很难吸收到成长所需的养分，最终难以成活。

焦裕禄忘不了第一次考察兰考盐碱地那天的情形。那天是个晴天，当焦裕禄来到兰考东南边那片最大的盐碱地时，展露在他眼前的，是他从未见过的景象——大地一片白茫茫，一望无际，不见尽头，在阳光的照耀下，仿佛撒了银粉一样亮晶晶的，亮得让人眼花。脚踩在上面，便发出哗啦啦的声音。

根本不需要任何的测量仪器，单凭眼前这景象就知道，这片土地里的盐分高得吓人。陪焦裕禄一起来的同志告诉他，常常会有人来这里刮一些土带回家，简单地过滤一下，一家人一年吃的盐就有了。

面对这一大片白茫茫的盐碱地，焦裕禄沉思了很久。会不会有一天，眼前的这片不毛之地，会变成一片肥美的沃土？

焦裕禄决定还是按老习惯，向最熟悉这里、最有经验的人请教。他请来了一位十分了解盐碱地的老农。

"天气明明很干燥，这块地方为什么很潮湿？"焦裕禄问。

"这个叫万年湿，天气越干燥就越潮湿。这样的地方是撒种儿腐烂，出苗儿碱死，就是你埋个粮食囤儿下去,也照样颗粒无收呀。"老农回答。

"那块地方为什么就一点儿也不潮湿呢?"焦裕禄问。

"虽然都是盐碱地,那也是各有各的不同。有盐碱、白不成碱、肉碱、马尿碱……盐碱地也不是都种不了庄稼。"老农回答。

"盐碱地种庄稼,有什么门道吗?"焦裕禄问。

"只要功夫到,种得巧,还是能有收成的。春天呢,可以种高粱。高粱出不齐苗,补谷子;谷子出不齐苗,补玉米;玉米出不齐苗,撒萝卜。见苗就留,见空就补。种一茬又一茬,补一次又一次。这样一块地种七八样庄稼,开头种的熟了,最后种的,还没出苗。嗨,你看吧。盐碱地里的庄稼不是'三滴水',就是'四棚楼',不是'杂货铺子',就是'老少几辈',远看一片青,近看大窟窿。"老农回答。[1]

焦裕禄把老农说的这些,全都认认真真地记了

---

[1] "三滴水""四棚楼"都是老农的形象说法,形容盐碱地庄稼长得稀稀落落不成气候。"三滴水",即庄稼只长出三小撮,"四棚楼",即庄稼长出了四行,河南方言里"棚"是层的意思,"四棚楼"就是四层楼。

泥土的味道

下来。他反反复复地思量着老农说的话。盐碱地也不是都种不了庄稼。但是显然，在盐碱地种庄稼，那就是花十分的力气，得一分的收成，这可不是个办法呀。还是必须改变土质，这才是长久之计。不管困难有多大，一定要设法让土地变得肥沃起来。

想要改变土质，第一步当然是了解土质。就像老农说的，虽然都是盐碱地，但也是各有各的不同。

于是，焦裕禄组织的"三害"调查队又一次行动了起来。

"焦书记，我们需要盐碱化验器来鉴别土质，可是现在根本买不到这种器材。"一天，一位调查队的成员对焦裕禄说。

"没关系，我们不用买盐碱化验器，我们有随身携带的盐碱化验器。"焦裕禄说。

"随身携带的盐碱化验器？"调查员不明白。

"走吧，跟我来！你马上就明白啦。"焦裕禄笑着说。

焦裕禄走到一块田地里，蹲下来，捏起一点儿

泥土的味道 55

土放进嘴里。

"焦书记！您咋吃土？"

"嗯，这土有咸味，说明土里含盐，除此之外还有种凉丝丝的味道，说明土里含有硝。"焦裕禄沉吟着说，然后他又走到另一块地里，再次捏起一点儿土放进嘴里，"这味道又苦，又臊，这是马尿碱的味道。"

"原来是这样啊。"调查员明白了，原来焦书记说的自身携带的盐碱化验器，就是舌头啊。

在接下来的日子里，焦裕禄带着"三害"调查队，"尝"遍了兰考的盐碱地，收集了丰富、齐全的土壤标本，为改造盐碱地提供了第一手资料。

如获至宝

一段时间以来，焦裕禄都在寻找改造盐碱地的好办法，他跑了许多个地方，做了许多的调研，却一直苦无良策。

这天，焦裕禄又骑上他的旧自行车下乡去了，一路上还在琢磨着治理盐碱地的问题。他拐进秦寨大队时，却忽然眼前一亮，不禁喜出望外——

出现在他眼前的，是一个生机勃勃的小菜园。一畦畦蔬菜长势喜人。红彤彤的是辣椒，绿油油的是小油菜，紫盈盈的是茄子，真是五颜六色，令人赏心悦目。这菜园的土很特别，竟呈现出一种特殊的赭红色，焦裕禄在兰考别的地方并没有见过这种颜色的土。

这是怎么回事呢？秦寨大队是重碱区啊，这里怎么会长出这么好的蔬菜？还有，这红土又是怎么回事呢？

焦裕禄迫不及待地想找人打听情况，可奇怪的是，整个村子空空的，除了年纪很大的老人和四处玩耍的小孩，竟一个大人也见不到。

"小朋友，你们这里的大人都去哪儿啦？"焦裕禄问一个小孩子。

"大人都去翻地了。"小孩回答。

翻地？焦裕禄满心疑惑地穿过村子，立刻被一片热火朝天的景象吸引住了，整个秦寨大队的人都在挥汗如雨，深翻土地。焦裕禄看了一眼他们挖出的那道长长的土沟，立刻就发现，原来在两三尺之下的地方，竟然全部是红土！

"这红土，可以种出好庄稼？"焦裕禄兴奋地拉住一位老农问。

"当然啦。那还用说？"老农回答。

老农告诉焦裕禄，其实三十年前，这里全部是这种红土，后来，黄河决了一次口，这里才变成了盐碱地。原先的红土其实还好好的，只不过是给压在了下面，所以，只要深翻土地，把红土翻上来，就可以种出很好的庄稼啦。

盐碱地的下面都藏着可供耕种的红土，这个发现，让焦裕禄如获至宝。不过，深翻土地可不是件容易事，要花大力气，把整个兰考的盐碱地都深翻一遍，这真的可行吗？

"大爷，这么大一片盐碱地，真能都这么翻个身？"焦裕禄说出了自己的疑虑。

"有啥不行的？"老大爷爽朗地说，"我年轻那会儿啊，一天就能翻一分地。俺算给您听啊，咱现在不说一人一天翻一分，哪怕就是四个人一天翻一分吧，俺村八十个劳动力，一天就能翻上两亩地！一个月就能翻上六十亩，这一片三百亩盐碱地，还愁没有翻完的时候？"

听了这番话，焦裕禄不禁热血沸腾。他想起了愚公移山的故事。这位老大爷不就是现代版的愚公吗？愚公可以凭借"子子孙孙无穷尽"的力量，搬掉门口的两座大山，我们为什么不可以凭借"成千上万人拧成一股绳"的力量，让兰考的大片盐碱地变成可耕种的红土地呢？

老大爷告诉焦裕禄，唯一的困难还是吃不饱饭的问题，深翻土地是个力气活，要是吃不饱饭，哪来的力气呢？

"放心吧！"焦裕禄回答，"大家伙就负责铆足劲加油干，我这个县委书记呢，就负责给大家去要饭！"

从秦寨大队回来之后，焦裕禄立刻着手在整个兰考推进"深翻压碱"的工作。他想方设法，调来大批救济粮，并定下规矩，每人翻长三米、宽半米的盐碱地，给半斤红高粱，干好了一天可以挣一斤半粮食。这个政策一出台，农民们个个高兴坏了，这比要饭强多了！连那些外出逃荒的农民也纷纷从四面八方返回家乡，热火朝天地干了起来。

在改造盐碱地的活动中，各个地方还根据自己的情况，采用了多种办法。除了"深翻压碱"，他们还采用了"冲沟躲碱""以水冲碱""扑沙盖碱""挖沟淋碱"等办法。这一年，也就是一九六三年，在经过改造的盐碱地上，终于种上了庄稼，兰考取得了一九五八年以来最好的收成。

提灯人

"世上的路千万条。"

"条条大路通罗马。"

"世上本没有路,走的人多了,就成了路。"

……

然而,在很长的一段时间里,兰考人的面前似乎只有两条路。

第一条路是背井离乡,出门讨饭。在许多兰考人的心里,这算得上是条"好出路"了。那几年兰考的穷早就名声在外,全国上下几乎没有不知道的。所以不管走到哪儿,只要是日子过得去的地方,听说是"从兰考来的",总会有好心人端来碗热粥,走的时候,再给揣上几个馍。在外面要上一年饭，自己的肚子饱了，还能捎回点馍干、粮食啥的。兰考人之间甚至还流传着"要上三年饭，给个县长也不干"这样的话。就连很多五六岁的小娃娃也都跟着大人出去逃荒，学会了伸着手说"俺是兰考的，大爷，给点儿吃的吧"。可是，出门要饭，肚子倒是不苦了，心里却是苦啊，谁又喜欢流离失所的滋味呢？

第二条路，就是在家里苦熬着，等待政府的救济。那些年老体弱，不能走远路的兰考人也就只有这条路了。可那时政府也很困难，按照一九六二年的救济标准，人均每天只有七两红薯干等代食品。靠这么点粮食艰难求生，日子自然也是在苦水里泡着的。

所以说，两条路各有各的苦，各有各的难。最重要的是，两条路全都一片黑暗，路的尽头看不到希望。

焦裕禄就是在这样的情形下走马上任，担任兰考的县委书记的。人们很快就发现，这位焦书记就像一位提灯人，他是带着光亮来的。借着这光亮，兰考人发现，脚下的路，原来并非只有那两条——

1.我有个主意,你们看怎么样?

一段日子以来,兰考火车站天天人满为患。只要有火车到站,总会有一大堆人抢着往车上挤。他们都是打定主意要外出讨饭的。

这天,焦裕禄出现在了火车站的人群中。

"大爷,你是哪个村的?""俺是寨子村的。""想去哪儿呀?""去洛阳。"

"小伙子,你是哪个村的?想去哪儿呀?""俺是张君墓的,想去西安。"

……

焦裕禄就这样一个一个地询问,周围的人感到好奇,不知道这个看着既像个大干部仔细一想又不太像的人究竟是谁,所以也渐渐地围拢上来。

"你们有没有会什么手艺、技术的?"焦裕禄又问。

"俺原先当过木匠。俺的木匠活还很不错呢。"一个中年男子热切地说。

"俺会打铁!""俺会打绳子!""俺会石匠活!"……人群变得热闹起来。

焦裕禄沉吟片刻，说："你们大家不要出去要饭了，我有个主意，你们看怎么样？咱们大家组织起来一起外出务工，由县委负责给大家联系，找干活的地方，靠自己劳动，把灾荒熬过去！"

"县委真的会管咱们？"有人这样问。

"一定会的，我向大家保证！"焦裕禄说。

"你就是新来的焦书记吧？"人群中有人忽然激动地叫了起来。

"是的，我叫焦裕禄。"焦裕禄回答。

人群沸腾起来，大家的眼睛里都闪烁着光亮。能靠自己的劳动吃饭，谁又真的愿意背井离乡呢？原来除了外出讨饭和在家苦熬，还是有别的路的。这位新来的焦书记，不就给大家指出了一条明路吗？

2. 大雨之后，真的什么都没剩下吗？

连续下了几天几夜暴雨，韩村的庄稼全都被水淹了。

"焦书记，老天下这场大雨，什么都没给俺们剩下啊。看来又只能等着吃救济了！"村里的干部们见焦裕禄来了，忍不住诉起苦来。

"什么都没剩下吗？"焦裕禄一边说着，一边东张西望，"看，那棵枣树还好好的嘛。"

大家顺着焦裕禄的目光看去，果然，那棵枣树经历了暴雨的洗礼，树上竟然还挂着不少饱满的枣子呢。

"大家再好好找一找，看看老天爷是不是还给我们剩下些什么？仔细找找！"焦裕禄说着，在村子里四处查看起来，干部们看到了，赶紧也都跟了上去。

"看，我们还有茅草！"一个干部忽然叫了一声。

是啊，好大一片茂盛的茅草呀。韩村也是碱区，庄稼总是长不好，可这茅草却大片大片地蓬勃地生长。它们不需要人们的关注，不畏惧恶劣的环境，在天空下肆意地成长。看了这些茅草，你就知道"生命旺盛如野草"这个说法有多么贴切了。茅草的茎秆可以长到将近一米长，而且极其坚韧，是编筐子、编篮子的好材料。

"我们可以组织大家一起割草,卖钱!"一个干部兴奋地说。

"对,对,这是条自救的路,我们可以自己救自己,不用给国家添麻烦。"另一个干部接着说。

焦裕禄露出了欣慰的笑容。他说:"你们大家就放手去干吧,至于茅草的销路,县委会想办法帮你们解决。"

就在这年冬天,韩村人割了二十七万斤茅草卖钱,完全做到了不要国家救济,自己养活自己。

3. 不就是一场大风吗?

又一场肆虐的大风过后,寨子村的几位农民蹲在地头上,望着被毁掉的麦苗默默无语,唉声叹气。

过了好一阵子,有一位农民开口说:"不知道焦书记能不能给咱想想办法……"

"还想啥办法哟!"另一位农民打断了他的话,"开春咱们缺种子,焦书记给咱想法子弄来种子,接着地里老鼠成灾,焦书记又给咱请来了捉老鼠的专家，可现在苗都毁了，焦书记还能有啥办法？"

大家又都沉默了下来。

"乡亲们！不就是又刮了场大风吗？怎么个个都像霜打的茄子似的？"一个熟悉、亲切的声音忽然响了起来！

是焦书记！

"乡亲们，咱们和风沙斗肯定有输有赢，现在我们只是暂时输了。咱们村在风口上，受灾也肯定要更严重些，可咱不能灰心，只要人还在，咱们就有办法！咱们现在就是要把能利用的资源利用起来。我听说咱们村很多人有烧砖窑的手艺，现在城里到处搞建设，红砖肯定是缺的。咱们兰考又有铁路，可以把烧好的砖输送出去。咱们就搞个砖窑，大伙说怎么样？"

人群一下子活跃了起来，大家开始议论纷纷。焦书记这次又给大伙指了条明路啊。说起来，寨子村过去烧窑的把式可是在十里八乡都出了名的，以前常有人专门到这里来请窑把式。要是能建起一座砖窑厂来，那还愁吃不饱吗？

寨子村的乡亲们心热了起来，开始积极地为建窑厂做准备。大伙一致决定,这一回,不给县委添麻烦,不让焦书记再操心,建窑厂需要的钱自己想办法解决。一位老队长把自家的三间房拆了两间,卖了檩条,拿来建窑厂;一位村民把救济给自己的二十元钱捐出了十六元;还有一位村民把自己的六头山羊都卖了……众人拾柴火焰高,寨子村的窑厂就这样红红火火地建了起来……

"班长"焦裕禄和他的"同学们"

在焦裕禄看来,兰考县委就像是一个班集体。他这个县委书记就是班长,而每一位县委干部是他亲爱的同学。作为班长,最重要的工作当然就是团结全体同学,让大家心往一处想,劲儿往一处使。

焦裕禄深知,要做到这一点没有秘诀,唯有捧出一颗真心。每一位"同学"的健康冷暖,他都放在心上,每一位"同学"的思想情绪波动,他都时刻关注,而更重要的是,对于那些犯了错误的"同学",他总有足够的耐心和智慧——

有这样一位"同学",是从丰收地区调过来的。他第一次走进兰考县委大院,就被这里的破旧和简陋惊呆了。这可是县委办公地点啊,桌子怎么可以旧成这样?椅子怎么可以破破烂烂的?还有,竟然连个像样的文件柜都没有!于是他兴冲冲地起草了一份兰考县委大院改造计划。在这份计划中,他提出对整个县委大院进行整体装潢翻新,桌子、椅子、文件柜,包括茶具都要全部换成新的。

这位"同学"没有意识到自己犯的错误,他也想不通为什么几乎每个看到这份计划的人都摇头反对。面对这份计划,"班长"焦裕禄却没有一味地提出批评和指责。他只是一有机会就安排这位"同学"下乡,并建议他到群众的家里住一住,看看群众吃什么,穿什么,用什么样的杯子什么样的碗,睡在什么样的床上。

很快,这位"同学"便真切地体会到了灾区和丰收区的群众的生活有着多么大的不同。因为连年灾害,群众的家里吃的、穿的、住的、烧的样样短缺,家家户户都是艰难度日。他惭愧地意识到,假如在这样贫苦的兰考,却有一个富丽堂皇、光鲜亮丽的县委大院,这是多么不应该的一件事!于是,他主动收回了自己的计划书,从此心平气和地坐在破旧的办公室里,踏踏实实、勤勤恳恳地投入到改造兰考贫困面貌的工作中。

还有这样一位"同学",因为在工作中犯了严重错误即将被组织处分。

等待被处分的日子是灰暗的,这位"同学"沉浸在悔恨和痛苦中,感觉自己前途渺茫,甚至生出了破罐子破摔的念头。他就这样在等待中煎熬了几天,没想到,等来的不是处分,却是一个宝贵的机会。而这,是"班长"焦裕禄反复考虑、斟酌了几天后的郑重决定。

作为"班长",焦裕禄珍惜身边的每一位"同学"。在他看来,犯了错误的"同学",更需要关心、帮助,需要及时地拉他一把,而不是简单、生硬地丢给他一纸处分。当前,改变兰考面貌是一项艰巨的斗争,不如派他到最艰苦的地方去,考验他,锻炼他,给他以改正错误的机会,让他为党的事业出力,这样不是更好吗?

最终,这位"同学"被派去受灾最严重的赵垛楼蹲点。临行前,"班长"焦裕禄和他进行了一次长谈。

那一次焦裕禄说了很多很多的话，有严肃的批评，更有殷切的希望，而这位犯了错误的"同学"却哽咽着，几乎连一句话也说不出来。最后焦裕禄说："你想想，当一个不坚强的战士，当一个忘了群众利益的共产党党员，多危险，多可耻啊！先烈们为了解放兰考这块地方，能付出鲜血、生命，难道我们就不能建设好这个地方？难道我们能在自然灾害面前当怕死鬼？当逃兵？"

这些话一字字，一句句，就像春风化雨，落入了这位犯了错误的"同学"的心田，令他心怀激荡，令他热泪盈眶。他的心里有千言万语，说出来的却只有一句："焦书记，请您放心……"

这位"同学"去了赵垛楼后，立刻和群众一起投入到治沙和治水的战斗中，每一天都异常艰苦，但他的心里却仿佛揣着一团火。赵垛楼群众的坚强和吃苦耐劳也深深感染了他。看到群众缺吃少穿，他心里很不是滋味，提出要把自己的自行车卖掉帮助他们。"一辆自行车解决不了什么问题，""班长"焦裕禄对他说，"当前最重要的是从思想上武装赵垛楼的社员群众，领导大家自力更生进行顽强的抗灾斗争。"于是他按照"班长"的话去做了，并渐渐历练成了一位抗灾战斗的优秀领导者。就在这年冬天，赵垛楼危害农田多年的二十四个沙丘全部被胶泥封盖住了，与此同时，大家还挖通了河渠，治住了内涝。这个一连七季都靠救济的大队，终于也可以卖余粮了。

就这样，赵垛楼打了一场漂亮的翻身仗，而这位犯了错误的"同学"，也完成了一次思想的大翻身。

……

应该说，焦裕禄是一位要求严格的"班长"。他总是严格要求自己，也严格要求每一位"同学"。但他的严格要求，总是入情入理的、包含着耐心和智慧的、浸透着关怀和情谊的，他的严格要求可以让"同学们"从内心生出改正错误的力量。正因为如此，"兰考县委"这个班集体才会紧密地团结在一起，带领着兰考的人民克服重重苦难，走向充满希望的未来。

焦书记会怎样选择

这是个晴朗的三月天。

广袤的田野上,麦苗青青,随风摇曳。田边、沟沿上,五颜六色的小野花悄然开着,空气中流动着春天特有的温暖、甜美的气息。

今天是胡集村的植树日。按照规划,村民们要在村子南边种上一大片泡桐树。

一大早,村民们就集合了起来。

"听说今年这批泡桐树树苗培育得可好了。"

"那还用说?有懂技术的大学生负责培育树苗就是不一样!"

"现在栽下这些树苗,过上个三年五载,就是一片很像样的大树林了!"

"可不是嘛!要说成材快,那还得数这泡桐树呢。到时候啊,咱们这里每年光出产木材,就是一笔不少的收入呢。"

……

大伙就这样一边愉快地聊着天,一边迫不及待地等着植树的开始。

奇怪的是,人们等了又等,村支书却迟迟不下开始行动的命令。

忽然,人群里有人说:"吵起来了!村支书和林业主任吵起来了!"

人们安静了下来,果然,从办公室里传出了激动的争吵声:

"你不对!你不讲实际!"

"你不对!你不讲原则!"

"你得考虑咱们这里的具体情况!"

"你得服从上级的指示和安排!"

"不能只听上级怎么说,要听听群众的意见!"

"群众意见当然要听,可上级的指示才是依据!"

……

原来,在如何栽种泡桐树树苗的问题上,村支书和林业主任发生了意见分歧。

林业主任的观点是:在兰考的植树造林大计划中,胡集村是一个重点,要起到示范作用,植树造林就得像个样子,纵要成列,横要成行,整齐统一,赏心悦目。所以,那些零星散植的泡桐树树苗,一律要统一进行移栽。

村支书的观点是:俗话说,树挪死,人挪活。不能只追求形式上的美观,要从实际情况出发。可以不用移栽的,就尽量不要移栽。

到底谁说的对呢?人们议论纷纷,有的支持村支书,有的支持林业主任,一时间吵成一团。

就在这时,焦裕禄来了。

"请焦书记给咱们拿个主意!"

"对,请焦书记给咱们判断定案吧。"

人们赶紧给焦书记让开一条道。大家重新安静下来,全都很好奇焦书记究竟会做出怎样的选择。

焦裕禄听村支书和林业主任各自发表完自己的

观点，思索了片刻，然后说："要我说啊，同志们，八个字：先顾吃饭，再顾好看！"

"咱们现在还在度荒救灾的阶段，"焦裕禄接着说，"所以呢，必须要先顾吃饭，再顾好看。这里这些泡桐树树苗，"焦裕禄指了指苗圃里的树苗，"往地里移栽的时候，要栽得整齐些，也方便将来机耕，而那一些，"焦裕禄又指了指田地中的单株树苗，"就不要动了，不管成行不成行，首先保证它们活下去。咱们不要讲形式，要讲实效。等过个三五年，泡桐树成长起来了，风沙治住了，到时候再考虑营造美化城乡的观赏植物。"

这番话让村支书和林业主任都心服口服，所有人的心里也都豁然开朗。于是，意见统一了，植树行动随即开始了，焦裕禄脱下外衣，高兴地和大家一起劳动起来。

兰考的老百姓都喜欢和焦书记一起劳动，因为焦书记不但干起农活样样拿手，而且还特别风趣和开朗，总是一边干活，一边和大家有说有笑，还时常带着大家一起唱歌。

有焦书记和大家在一起，这个植树日仿佛变成了一个节日。大家干得热火朝天,休息的时候,就围着焦书记聊天,讲故事。

一位老大爷讲起了一个关于泡桐树的传说——

很久很久以前,有一天,狂风大作。鸟兽们躲的躲,藏的藏,草木都尽可能地伏下身子。看到大地上的一切都怕它,向它俯首称臣,狂风得意极了。但它很快发现,泡桐树仍旧把身体挺得笔直,看样子一点儿也不把它放在眼里。

狂风发怒了,它不能容忍有谁小瞧它!它的风力增加了一倍,向泡桐树发起了猛攻。泡桐树毫不畏惧。它努力伸展枝干,从太阳那里获取力量。它努力把根扎得更深,从土壤那里获取力量。它的身体挺得更加笔直了。

狂风变得怒不可遏。它把风力又增加了一倍。然后,又增加了一倍。终于,伴随着一声很响的咔嚓声,泡桐树被刮断了。狂风赢了,得意扬扬地大笑了起来。可就在这时,泡桐树竟然长出了一根新的主干,继续和狂风勇敢地战斗。就这样一次又一次,一年又一年,泡桐树和狂风一直斗了几千年,最终,狂风败下阵来,泡桐树胜利了……

一个年轻人讲起了泡桐树和金凤凰的故事——

传说很久很久以前,有一个放羊的老爷爷捡到了一个女婴,决定带回家好好养大。老爷爷怕女婴难喂养,还特意在院子里面种下一棵泡桐树,寓意着只要泡桐树长大成材,小女孩也就能健康地长大。小女孩日日在泡桐树下玩耍,和泡桐树一起长大。她长得非常乖巧可爱,小小年纪就会帮老爷爷洗衣服做饭,还无师自通地学会了绣花,帮老爷爷补贴家用。

后来,老爷爷去世了,小女孩就和泡桐树相依为命。她每天都坐在泡桐树下绣花,总喜欢和泡桐树说心里话。这棵泡桐树还真有灵性,长到屋子高后就分出粗壮的枝丫伸到屋顶上,并长出茂密的叶子,不管下多大雨,尽管屋顶上的茅草烂掉很多,可屋子里就是没有一滴雨水流进来。不管刮多大的风,房子总是完好无损。不过如果有小偷进来,泡桐树的枝条就会乱舞,发出呜呜的吼叫,还会刮出大风把小偷赶走。

有一年,天下大旱,村子里的人都快要饿死

了。有一天，小女孩做了一个梦，梦见泡桐树化作一个少年，对她说："我本是凌霄宝殿前的一棵神树，因为同情人间疾苦，被玉皇大帝贬下凡做了一棵泡桐树。现在人们有难，所以我打算拼尽全力帮助大家。"第二天小女孩醒来时，发现泡桐树所有的叶子都化成了土豆！小女孩把土豆摘了下来，分给那些快要饿死的人。靠着这些土豆，人们熬过了灾年。而泡桐树却因为耗光了神力，变成了枯树。后来玉皇大帝听说了这件事，大发雷霆，下令火神烧掉枯萎的泡桐树。伤心的小女孩扑进火里，紧紧地抱住了她最好的朋友。

　　人们都在为小女孩痛惜的时候，却发现熊熊烈火中飞出一只金凤凰，拖着五彩的尾巴直冲云霄。没过一会儿就下起一场暴雨，浇灭了泡桐树上的神火。有了雨水，人们又过上了安居乐业的生活，从那以后，凤凰就算飞得再累，也只有找到泡桐树才歇脚……

　　听了这些动人的故事，胡集村的人们对泡桐树多了几分喜爱和尊敬，大家望着身边那些刚刚栽下的青青树苗，想象着几年之后这里将有一片茂密的泡桐树林。

不久的将来，大片大片的泡桐树林会不会也为兰考引来金凤凰呢？

做焦裕禄的孩子真棒

傍晚。

一个小男孩双手插在裤兜里,慢悠悠地穿过大街小巷,一路走,一路东瞧瞧,西看看。

小男孩的名字叫焦国庆,今年十二岁。和所有这个年龄的小男孩一样,他对周围发生的一切都感到十分好奇。

看到一只小野兔在路边灌木丛探头探脑,他停下脚步,张望了好一会儿。

看到一辆卡车停在商店门口,人们忙忙碌碌地把各种东西从车上搬下来,他停下脚步,看了好久。

看到有人在摆小摊子卖小人儿书,他蹲下来,着迷地翻看了好半天……

路过戏院时,他的目光立刻被墙上的海报吸引住了。

《梁山伯与祝英台》,他读着海报上的字,眼睛一下子亮了起来。

他很小的时候就听奶奶讲过梁山伯与祝英台的故事。祝英台是个美丽的女子,为了可以到学堂读书,把自己打扮成了一个翩翩公子。中间的情节他有点儿记不清了,不过他记得到最后,梁山伯和祝英台化成了一对漂亮的蝴蝶。

多么美妙的故事啊!排演成戏一定也特别好看,要是能进去看戏该多好啊,国庆忍不住想。他看到,人们正三三两两地往戏院门口走来,大家的手里都捏着张粉红色的票,脸上全都喜气洋洋的。

国庆不自觉地跟着人群,走到了戏院的门口。

"小朋友,你的票呢?"检票员问他。

"我……没有票。"

"没票可不能进去。"检票员说。

国庆红着脸,退到了一边,可是,他怎么也舍不得离开。

"国庆!"他听到有谁在喊他的名字。

国庆转头一看,原来是他的同学小军。小军的爷爷带他来看戏了。

"国庆,你也来看戏啊?走,咱们一起进去。"

"不,不。我……没有票。"国庆羡慕地望着小军手里那张粉红色的票说。

"国庆,来!"小军的爷爷拉起了国庆的手,径直走到戏院门口,对检票员说:"这个孩子是县委焦书记的儿子。"

"焦书记的儿子啊?那你进去吧。"检票员立刻说。

国庆的心,欢快地怦怦跳起来……

从戏院里出来,国庆一路飞奔着回到家里。

真好,爸爸在家。

"爸爸,爸爸!"国庆高兴地扑上去,抱了抱爸爸。

"今天见到爸爸怎么这么高兴啊?"焦裕禄笑着问。

"对,特别高兴!"国庆回答,"因为当焦裕禄的孩子真的很棒!"

"是吗?怎么个棒法,跟爸爸说说?"焦裕禄脸上的笑意更浓了,他把儿子拉过来,让他坐在自己的身边。

于是国庆就兴高采烈地讲起了看戏的事情。讲着讲着,国庆发现爸爸脸上的笑意不见了,他变得越来越严肃。

"国庆,看戏要买票,这是戏院的规定。不买票去看戏,这是看白戏,是不对的。谁也不应该看白戏,你是焦裕禄的孩子,就更不应该。"焦裕禄说。

国庆低下头,不吭声了,他知道自己做了一件错事。

第二天,焦裕禄递给国庆两毛钱:"给,到戏院去,把昨天的票补了。"

"我不去,那太让人难为情了!"国庆红着脸,扭过了头,他和别的十二岁男孩一样,十分爱面子。

"难为情也要去。你自己做错了事,就要自己负责。这是原则。走吧,爸爸陪你一起去。"

听到"这是原则"这几个字,国庆就知道他这次是非去不可了。只要爸爸说"这是原则",那么事情就没有商量的余地了,撒娇、耍赖、发脾气都没有用。

于是国庆耷拉着脑袋,一路跟着爸爸走到了戏院。在那里,他跟昨天的检票员说了"对不起,我不该看白戏",然后乖乖地补上了两毛钱。

从戏院回来的路上,国庆还是耷拉着脑袋,爸爸却像变戏法似的,把一块糖果塞进了他的手心里。国庆低头一看,是他最爱的那种牛奶软糖!

吃着香香甜甜的糖果,国庆又变得高高兴兴的了,他的胸脯也挺起来了。

一路上,许多人亲切地和他们打着招呼:

"焦书记好呀!这是您儿子吗?长这么高啦!"

"焦书记,您的儿子快长成大小伙子啦!"

"焦书记,您的儿子长得真像您!一看就是个好孩子!"

……

"是呀,这是我的儿子。"

"是呀,我的儿子都快长成大小伙子啦。"

"是呀,我的儿子的确是个好孩子!"

爸爸微笑着,一一回答着。

国庆觉得心里热乎乎的。那些跟他们打招呼的人看上去都那么喜欢爸爸,尊敬爸爸,国庆觉得真自豪。

做焦裕禄的孩子真的很棒。他在心里说。

在发生了国庆"看白戏"的事情之后,焦裕禄认真地做了一番调查。他发现周围利用干部身份搞特权的人大有人在。单说看戏这一件事吧,有的干部不但不买票,还让剧院给留着好座位,并且总是带着一大家子人去看戏,常把前三排都坐满。焦裕禄觉得,党员干部像这样搞特权,便会伤了群众的心,这是错误的。为此,他特别起草了一份《干部十不准》,其中明确规定了党员干部不能利用集体物资请客送礼、不能用公款组织晚会、不准送戏票、不准到商业部门要求特殊照顾等十项内容。

一块豆面馍

跃进五岁了,是个健康、活泼、胃口很好的小男孩。

跃进很喜欢吃软软的、香喷喷的白馒头。

跃进很喜欢吃爽滑、顺口的擀面条。

跃进也很喜欢吃煮得一粒粒晶莹剔透的大米饭。

跃进就是不喜欢吃豆面馍。豆面馍总是硬邦邦的,咬起来很费劲,一不小心就会噎到,还有种怪怪的味道,一点儿也不好吃。

可家里偏偏常吃豆面馍,跃进问过妈妈,可不可以顿顿都吃白馒头、面条或者大米饭。妈妈解释说,面粉、大米都是细粮,价钱贵不说,还不容易买到，所以，他们必须搭配着吃些像豆面这样的粗粮。

妈妈的解释跃进听得似懂非懂。他是个乖孩子，所以没有追着妈妈继续问。

但豆面馍嘛，跃进就是喜欢不来。遇到家里吃豆面馍的时候，他就很勉强地吃一点儿，或者干脆直接说自己不饿。妈妈和外婆心疼他，舍不得饿着他，所以总是想方设法地留一点儿白馒头之类的好东西给他。

可是这天，当跃进在院子里玩够了，跑进来嚷嚷着喊饿的时候，家里却只剩下豆面馍可以吃了。没办法，跃进只好从妈妈手里接过那块豆面馍。

跃进盯着手里的豆面馍左瞧右瞧，好像这么瞧上一会儿就能让豆面馍变美味似的。后来，他想到个主意：我就假装这是个白面馍，一个又香又软的白面馍！

跃进张开嘴巴，啊呜咬了一口想象中的白面馍，立刻忍不住做起了鬼脸："不好吃，一点儿都不好吃！"

跃进四下张望了一下，发现妈妈不在屋子里，于是他悄悄地把那块咬了一口的豆面馍扔到了门后的地上。

傍晚的时候,焦裕禄下班回到家,一眼就看到地上那块咬了一口的豆面馍。他马上就猜到了,这是跃进偷偷扔的。但他却不动声色地把豆面馍捡了起来,吹掉上面沾着的土,放在煤炉上面烤着。

"爸爸回来啦,爸爸回来啦,爸爸讲故事!"过了一会儿,跃进从外面进来,扑过来抱住爸爸。

跃进喜欢爸爸,最喜欢听爸爸讲故事。

焦裕禄微笑着,让跃进在他身边坐好:"今天就讲爸爸小时候的故事,好不好?"

"好,好!"跃进连连点头。

"爸爸小时候啊,家里穷,连年闹灾荒,粮食常常绝收。那时候,爸爸吃得最多的就是糠菜团子。"

"糠菜团子?"跃进好奇地问,"好吃吗?"

"一点儿也不好吃。苦巴巴的,嚼起来的感觉和吃草差不多。可不吃不行,家里只有这个啊。后来，我长大了些，能干活了，在煤矿里当小工，一天干十几个钟头的苦活，累得骨头都要散架了。就这样一天下来，能挣一斤橡子面。"

"橡子面？"跃进好奇地问，"好吃吗？"

"难吃极了。橡子面本来就不是粮食，是喂猪的饲料。人吃下去不顶饿，还烧心难受。可总比什么都不吃强啊。肚子里空空的滋味最不好受了，躺在床上翻来覆去都睡不着觉。那时我年纪不大，可是不能像现在的小孩子那样到处乱跑乱玩，因为乱跑乱玩的话，肚子就会饿得更快。

"后来有一次，我妈妈不知从哪儿弄来一些豆子面，蒸了一锅豆面馍。"

听到"豆面馍"，跃进不安地扭动了一下。

"哎呀呀，真是太好吃了。"焦裕禄接着往下讲，"甜丝丝的，吃在嘴里越嚼越香，我记得我一口咬下去，幸福得眼泪都要出来了。舍不得大口大口地吃，我就一小口一小口慢慢地嚼，心里觉得特别满足。"

"那一锅豆面馍，让我过了好几天幸福的日子。后来豆面馍吃没了，家里又开始吃糠菜团子、橡子面窝头。我天天巴望着能再吃到豆面馍,可盼了好久好久也没有吃上……"

听到这里,跃进更加不安了,在椅子上扭来扭去。于是焦裕禄停下来问:"跃进,你怎么了?是不是丢什么东西了?"

"嗯。"跃进小声回答。

"丢什么了?"焦裕禄问。

"一块豆面馍。"跃进不好意思地回答。

"我刚好捡了一块,"焦裕禄从炉子边拿下那块已经烤热乎的馍,"这是不是你弄丢的?"

"是的!"跃进接过那块豆面馍,开始一小口一小口地吃了起来。奇怪,现在他觉得这块豆面馍不像之前那么难吃了,就像爸爸说的,甜丝丝的,吃在嘴里越嚼越香。

焦裕禄站起来,倒了一杯温水递给跃进,疼爱地说:"就着点水,别噎着。"

没多大一会儿,那块豆面馍被跃进吃了个精光。

焦裕禄欣慰地露出了笑容,他把跃进抱进怀里,和他一块儿唱起了幼儿园老师教的歌儿《我是一粒米》：

我是一粒米呀，大家要爱惜。一粒米呀一粒米，来得不容易。农民伯伯早起晚睡天天去种地，小朋友啊，吃饭要注意……

大雪纷飞的日子

对于天真的、无忧无虑的孩子来说，大雪纷飞的日子是令人欢喜的，可以堆雪人、打雪仗，整个世界变成一个大大的游乐场。

对于富有才情又有闲情逸致的诗人来说，大雪纷飞的日子是值得期待的："绿蚁新醅酒，红泥小火炉。晚来天欲雪，能饮一杯无？"

而对于贫困县兰考的县委书记焦裕禄来说，大雪纷飞的日子是满怀忧虑的。

一九六三年十二月九日晚，北风呼啸，大雪纷纷扬扬地下个不停。伴随着这漫天的飞雪，忧虑一层又一层，重重地压在了焦裕禄的心上——

雪下得这么大，贫苦群众能不能安然度过呢？

会不会缺柴火？断粮了怎么办？那些没有屋子住的人，又该怎么安置呢？

牛棚里的牛们情况如何呢？那些强壮的还好说，那些太老的，太小的，或者生病的，怕是很难熬过这样的风雪之夜吧？对于农民们来说，牛就是他们最宝贵的财富了，哪怕冻死一头也是重大损失。

还有，那些从事运输业的会不会被困在半路上呢？如果被困住了，又缺吃少喝的，该怎么办呢？

……

所有这些忧虑盘旋在焦裕禄的心头，挥之不去，令他寝食难安，于是他坐在办公室里，开始连夜起草一份《雪天六条》的通知：

1.所有农村干部必须深入到户，访贫问苦，安置无屋居住的人，发现断炊立刻解决。

2.必须深入每一间牛棚检查，确保不冻坏一头牲口。

3.安排好室内副业生产。

4.对于参加运输的人和牲口，凡是被困在途中的，在哪个村的范围就由哪个村热情招待，保证吃得饱，住得暖。

5.所有党员在大雪封门的日子里，都要到群众中去，和群众同甘共苦。

6.检查执行情况迅速上报县委。

这天夜里，大雪整整下了一夜，县委办公室的灯光也整整亮了一夜。

第二天，天刚蒙蒙亮，焦裕禄就立刻召开了紧急会议："同志们，下雪天给群众的生活带来了许多困难。我们这些共产党员，可不能坐在屋子里安心地烤火，应该到群众中去。哪里有需要帮助的群众，我们就应该出现在哪里。"

焦裕禄的这番话说得既恳切，又动情，在场的所有人都被深深感染了。

会后，县委领导们立刻带上救济粮、救济款，分头出发了。

路上的雪已经有齐膝深，北风打着呼哨，夹着雪粒子灌进人们的胸膛。为了鼓舞士气，焦裕禄带

头唱起了《南泥湾》:

　　花篮的花儿香呀,听我来唱一唱,唱一呀唱。来到了南泥湾,南泥湾好地方,好地呀方。好地方来好风光,好地方来好风光,到处是庄稼,遍地是牛羊。往年的南泥湾,到处呀是荒山……

　　同志们都跟着焦裕禄一起唱了起来,歌声帮他们战胜了寒冷,歌声让他们心怀激荡……

　　这一天,焦裕禄和同志们一连跑了九个村庄,安排了几十户困难群众。等他们走进梁孙庄一间低矮的茅屋里时,太阳已经快落山了。

　　这间茅屋里住着一对老人,梁大爷和梁大娘。梁大爷体弱多病,长期卧床,梁大娘是个盲人。

　　焦裕禄径直走到梁大爷床前,嘘寒问暖。

　　"您是谁呀?"梁大爷打量着眼前这位既像个大干部,又似乎不太像的人问。

　　"我啊,我是您的儿子!"焦裕禄朗声回答。

　　"大雪天,您来干啥啊?"梁大爷继续问。

　　"是毛主席叫我来看望您老人家的!"焦裕禄

回答。

梁大爷感动得不知道说什么才好。

听说是毛主席派来的干部,梁大娘摸索着走上前来,激动地说:"我的眼睛看不见,让我摸摸你。"

梁大娘伸出颤巍巍的双手抚摸着焦裕禄,从胳膊,到肩膀,到胸膛……两行热泪扑簌簌地从她的眼睛里滚落下来……

在这个大雪封门的日子里,焦裕禄把自己燃烧成了一团火,深深地温暖了最贫苦的人们的心。

焦书记奖的大红花

学生在学校里努力学习,考出了好成绩,老师就可能会给他发奖、戴红花,这不是新鲜事。

解放军战士在部队里刻苦训练,本领突出,部队领导就可能会给他发奖、戴红花,这也不是新鲜事。

可农民因为种地种得好,得到了奖状和红花,这可真是件新鲜事,至少在一九六三年的兰考是件大大的新鲜事。这里的农民们祖祖辈辈面朝黄土背朝天,用汗水浇灌贫瘠的土地糊口度日,谁也想不到有一天也会站在高高的台子上接过奖状,戴上大红花,因为种地种得出色而成为别人的榜样,赢得所有人的尊敬。

一九六三年十月四日,这一天是个好日子。兰考县礼堂的前面车水马龙,热闹非凡。许多人穿着簇新的衣裳,没穿新衣裳的也把旧衣裳打理得干净整齐,男女老少高声地寒暄着,爽朗地大笑着,人人的脸上都有种自豪、喜悦的神情。他们全都是来这里参加群英大会的代表。

很快,县委的领导们都在主席台上就座了,由焦裕禄书记主持群英大会。被评为先进模范的代表一个接一个被请上了台,焦书记亲自给他们一个个发奖状,戴大红花。发完了奖,焦书记开始请获奖的代表们轮流上台发言,介绍经验。

第一个被请上来的是秦寨的模范。这是位高高大大的汉子,红红的脸膛,头发有些花白,但身板结实、硬朗。

"我大字不识一个,"他为难地摸摸脑袋,"叫我说啥呢?"

"心里有啥,就说啥。"焦书记接口说,"想咋说,就咋说。想说多长时间,就说多长时间。"

焦书记这几句话听起来那么亲切,那么随和,那么愉快,这位模范的心情一下子就放松了,话匣子也打开了。

这位"不知道说啥"的模范原来竟是个十分健谈的人,还很会做总结。他根据自己大队的具体情况,想出了"八抓五教育"。他站在扩音器前,打着手势,兴致勃勃地讲啊,讲啊……

半个小时过去了,他才讲完了"八抓"里的"三抓"……

一个小时过去了,他才开始讲到"六抓"……

两个小时过去了,他终于讲完了"八抓",开始讲"五教育"……

结果这位模范的发言,几乎占去了整个上午的时间。

下午发言时,焦裕禄把一对中年夫妻请上了台,那位妻子的怀里还抱着个小婴儿。

"这位是来自双阳村的模范。"焦裕禄介绍那位丈夫。

"这位是副模范。"焦裕禄接着又介绍那位妻子。

台下立刻响起一片嗡嗡的议论声。咋还有副模范？只听说过正书记、副书记，正队长、副队长，可从来没听说模范还能有副的啊。

模范开始发言了。"我能选上模范，我认为是她的功劳，"他指指自己的妻子说，"她是我的内当家，家里里里外外，大大小小的事情都是她在操持，还得照料我那体弱多病、整日下不了床的老父亲。她什么都不用我操心，腾出我这个大队干部带着大伙一起种庄稼，一起挖沟、治沙。有时候饭也顾不得回家吃，她就给我把饭送到地里。她自己没有吃过一顿安生饭，睡过一个囫囵觉，却从来不叫苦不叫累。先前我把这些情况告诉了焦书记，焦书记就说，可以评她当个副模范。大伙说她算得上是副模范不？"

"我没做啥，主要都是孩子他爹干的。"旁边的妻子红着脸插话说。

台下响起了一阵热烈的掌声。台上的模范和副模范又高兴又觉得不好意思，给大家深深鞠了一躬。

坐在主席台上的焦书记笑得十分开怀。他正准备请下一位模范上台，忽然注意到，一位七十多岁的老模范站在主席台前的话筒旁边，侧着耳朵很费劲地听着。

"老大爷！"焦裕禄连忙招呼道，"站在那儿多累啊，您怎么不在座位上听啊？"

老模范连声问道："啊？啥呀？我耳朵不好使，人家讲经验，我怕听不清！"

焦裕禄一听，连忙亲自把老模范搀到主席台上，让他坐在扩音器前面，还给他倒了一杯茶。

"老大爷，现在能听清了吧？"焦裕禄笑着问。

"好！好！句句都能听清！"老大爷高兴地回答。

……

这次群英大会整整开了一天，会场上，掌声不断，笑声不断，气氛热烈极了。所有的人都觉得深受鼓舞，觉得心里亮堂，觉得干劲被鼓得足足的。

一九六三年的群英会，焦裕禄在兰考树立了韩村、秦寨、赵垛楼、双杨树四个先进典型，并分别总结为：韩村的精神，秦寨的决心，赵垛楼的干劲，双杨树的道路——

韩村的精神：一九六二年秋天，韩村在遭受毁灭性涝灾后，不向国家伸手，不要救济粮、救济款，自己割草卖草养活自己。他们说："摇钱树，人人有，全靠自己一双手。不能支援国家，心里就够难受了，决不能再拉国家的后腿。"就在这年冬天，他们割了二十七万斤草，养活了全体社员，养活了八头牲口，还修理了农具，买了七辆架子车。

秦寨的决心：一九六三年的夏季，正是一年里最热的时间，秦寨人顶着炎炎烈日深翻土地，改造盐碱地。他们说："不能干一天就干半天，不能翻一锨就翻半锨，用蚕吃桑叶的办法，一口口啃，也要把这碱地啃翻个个儿。"

赵垛楼的干劲：赵垛楼的群众在七季基本绝收以后，冒着倾盆大雨，挖河渠，挖排水沟，同暴雨内涝搏斗。一九六三年秋天，这里一连九天暴雨，他们却夺得了好收成，卖了八万斤余粮。

双杨树的道路：双杨树的贫下中农在农作物基本绝收的情况下，紧紧抱成一团，雷打不散，坚持走集体经济自力更生的道路。社员们兑鸡蛋卖猪，买牲口买种子，大伙都说："穷，咱穷到一块儿；

富,咱也富到一块儿。"

……

除了树起这几面鲜艳的旗帜,焦裕禄还在群英会上选出若干"硬骨头队",奖励了一批"硬骨头队长",还选出了"模范支部书记""妇女标兵""五老将""护林小英雄"……

榜样的力量是无穷的。群英会很快在全县各个角落激起热烈的反响。接下来的日子里,兰考人民深受鼓舞,群情高涨,鼓足干劲向"三害"发起了总攻。

看鱼记

今天,是县委焦书记组织各村干部开会的日子,会议的主题还是那两个字:救灾。

这几年的兰考灾连着灾,一听到救灾这两个字,干部们全都头痛不已,唉声叹气。这救灾救灾,啥时候是个头呢?

当干部们耷拉着脑袋,陆陆续续走进会议室时,焦书记还没有到。不过,在会议室的桌子上,摆着一个大水桶。大家仔细一看,那桶里竟然有好几条活蹦乱跳的鱼!

这鱼是怎么回事呢?难道焦书记今天要请我们大家吃鱼吗?桶里的鱼看上去十分肥美,不管是红烧还是清蒸,一定都是十分美味的。就在干部们围着水桶议论纷纷的时候，焦书记走了进来。

"焦书记，您今天是不是要请我们吃鱼？"一个干部忍不住问。

"不，我今天是请大家来看鱼的！"焦裕禄笑着走上前，从桶里捞起一条鱼，"大家看这鱼，是不是很不赖？你们猜猜看，这鱼是哪儿来的？"

干部们你看我，我看你，谁也猜不出鱼是哪儿来的。

"这些鱼啊，是城关后边，后坑沿儿的那个大坑里养的！"焦裕禄给出了答案。

"那里？那儿不就是个倒废品的大坑吗？"一个干部惊奇地说。

"现在那里早不是什么倒废品的大坑了，现在那里变成了大鱼塘，养了上万条鱼呢！而且啊，那儿还种了藕，还有蒲草，现在可真成了宝库喽。"

说到这里，干部们也大概明白了焦书记请大家看鱼的意思。之前每次开会，只要一提到救灾，灾后自救，大家基本上都是陷入沉默，一筹莫展，所以，今天，焦书记就拿着鱼来给大家上课了。

是啊，像后坑沿儿那样的废旧大坑，不是村村都有的嘛,有的还不止一处呢。要是也能改造成鱼塘,养鱼种藕,不是个增加收入的好渠道吗?这可比干等着国家救济要强多了。

干部们开始热烈地讨论了起来,大家脸上先前的那种阴霾神情也全都一扫而空了。

焦裕禄露出了满意的微笑。现在,那桶鱼的作用已经发挥完了,也该物归原主了。

"小李,把这些鱼送还给管鱼塘的胡大爷吧。"焦裕禄对干事小李说。

"好嘞!"小李答应着,拎起那桶鱼,向后坑沿儿的鱼塘走去。

胡大爷正在鱼塘边忙碌着。

"胡大爷!"小李拎着水桶走了过来,"焦书记让我给您把鱼送回来!我给您放在这里了啊。"

小李离开后,胡大爷望着那桶鱼发起呆来。早上的时候焦书记亲自来到鱼塘,叮嘱胡大爷给县委送几条鱼去,胡大爷高兴地答应了。胡大爷巴不得能为焦书记做点儿事,他怎么也忘不了当初建鱼塘时焦书记出了多少力,操了多少心,就连这塘里的鱼苗，也都是焦书记想办法给弄来的。所以胡大爷兴冲冲找来水桶，拿网子捞了几条活蹦乱跳的鱼，早早地就送去了县委。一想到焦书记能吃到自己养的鱼，心里就觉得美滋滋的。

可是现在焦书记为什么把鱼给送回来了呢？胡大爷想了半天也想不出个所以然，只好招呼道："老伴儿，过来一下！"在胡大爷看来，老伴儿一向比他有想法，比他懂人情世故。

胡大爷的老伴儿走过来，听胡大爷说了事情的经过，又仔细地看了看桶里的鱼，肯定地说："焦书记一定是嫌鱼太少！"

"没错！一定是这样的！"胡大爷恍然大悟。他立刻动手，这次捞了满满一桶，再次送到了县委。

可没过多久，焦书记竟然又让小李把鱼送了回来，还让小李告诉他，他要鱼就是用来看的，看完了当然要物归原主。

这下子，胡大爷又想不明白了。只有金鱼才是用来看的嘛，一般的鱼哪有只看不吃的？这究竟是怎么回事呢？

"焦书记一定是嫌鱼太小!"胡大爷的老伴儿看了看桶里的鱼,再次给胡大爷指点迷津。

"没错没错!我怎么没想到!"胡大爷茅塞顿开。他立刻换了一桶大鱼,这次没有送到县委,而是直接送到了焦书记的家里。

从焦书记家出来,胡大爷心里觉得踏实了。焦书记整日操劳,脸色一直都不好,那些鱼条条肥美,可以让焦书记好好地补充补充营养。

胡大爷怎么也想不到,傍晚的时候鱼又被还了回来!

这次是焦书记亲自提着桶来还的。

"我要这鱼呀,真的是用来看的。"焦裕禄笑着向胡大爷解释了开会拿鱼给大伙上课的事,"我的意思是,让其他各村也能积极想办法,增加收入。谁都知道鱼好吃,可谁想吃鱼,谁就要先想办法养鱼嘛。"

这下子,胡大爷终于明白了"看鱼"的意思。可是,他是真心地想让焦书记收下他的鱼。

"焦书记,这点儿鱼您就收下吧,也给孩子们尝尝鲜。"胡大爷恳切地说。

中华先锋人物故事汇 焦裕禄

"你的好意我心领啦。"焦裕禄回答,"可这是公家的鱼,将来要卖了给大伙增加收入的,谁也不能随便要,我这个县委书记更不能。"

说完,焦裕禄提起那桶依然活蹦乱跳的鱼,一股脑儿地倒回鱼塘里。

请给那些最平凡的人照相吧

小李在兰考县委当干事已经有一段时日了。对于新来的焦书记,他满怀敬意。要是那时有偶像这个词,那他一定会说:"焦书记是我的偶像。"

作为干事,小李负责的工作比较日常和琐碎。陪同县委领导出行,给领导照相也是他的工作之一。小李很喜欢这项工作,喜欢用那台黑色的老式相机拍下一个个美好瞬间。

这天,小李要陪焦书记一起下乡去。临行前,焦书记嘱咐道:"把相机带上。"

听到这句话,小李的心不由得感到一阵雀跃,他下定决心,一定要多给焦书记拍照,给这样一位好书记拍照是一件多么有意义的事情啊。

可到了乡下,小李却有点蒙了。因为他发现,焦书记似乎在处处躲着他的镜头——

当焦书记坐在地头上,亲切地和农民们谈话的时候,他想给焦书记拍一张照片。可还没等他按下快门,焦书记却把头扭到了一边……

当焦书记卷起袖子,挽起裤腿,娴熟地挥动着铁锹,和群众一起劳动的时候,他想给焦书记拍一张照片。可他刚刚调好焦距,焦书记却把身子转过去了……

当焦书记从地下掬起一把泥土,神情专注地仔细观察时,他想给焦书记拍一张照片,可是他才举起相机,焦书记却已经飞快地走开了……

难道焦书记是个不爱拍照的人吗?要是这样的话,干吗让他背上沉重的相机呢?小李想来想去,怎么也想不明白。

在接下来的日子里同样的事情又发生了好几回,每次下乡焦书记都叮嘱小李带上相机,可到了乡下呢,却又处处躲着小李的镜头。

后来有一次,小李实在憋不住了,鼓起勇气

问:"焦书记,您既然让我带相机,为什么总是不肯让我为您拍照呢?"

"我是让你带上相机,可我并不是想让你为我拍照啊。"焦书记亲切地回答。

看到小李还是一脸蒙,焦书记继续解释道:"我想让你为那些最平凡的劳动者拍照。他们是最平凡的,但也是最了不起的。你要从他们身上发现美好的瞬间,多为他们拍些照片。"

"你看,现在我们不管走到哪里,都会发现大家的劳动热情很高,特别有干劲。"焦书记继续说道,"这一幅幅热火朝天的景象多么动人啊,多么值得你用相机把它们记录下来啊,而且,要是大家发现你在为他们拍照,一定会深受鼓舞,干劲更足的。"

听了焦书记这番话,小李终于明白了。

从这一天起,他开始尝试把镜头对准那些最平凡的劳动者。

他渐渐发现,正如焦书记所说的,那些最平凡的人,也是最了不起的人。他们的身上常常闪耀着动人的光辉——

一位七十多岁、胡须斑白的老大爷正在麦田里犁地,他扶犁的动作是那么娴熟、优美,脸上的神情是那么自信、怡然,他那古铜色的、饱经风霜的脸膛在阳光下闪着光彩。

咔嚓!小李给老大爷拍下了一张照片。

一位二十多岁的姑娘,看起来十分纤瘦,挑起两筐沉重的泥土却毫不含糊,扁担压得她的膝盖微微弯曲,可她依然迈着轻盈的步伐,她头上的红色包头巾在风里轻轻地扬起……

咔嚓!小李给年轻的姑娘拍下了一张照片。

两个十岁左右的小学生,一起把一棵泡桐树的幼苗栽进土里。他们的动作是那么小心翼翼,仿佛呵护一个小婴儿似的,他们的眼神是那么庄重又那么专注。

咔嚓!小李给两个小学生拍下了一张照片。

……

果然就像焦书记所说的,自从小李开始给那些最平凡的人拍照,他就成了一个最受欢迎的人。而且只要他举起相机,人们的干劲就会变得格外高涨,抡锹的抡得更圆,推车的胸脯挺得更高,在田野里劳动的人们开始放声歌唱。

每当这时,他就会觉得一种自豪感油然而生,也在心里对焦书记更加充满敬意和感激。

爸爸是怎样的人

小守云和爸爸焦裕禄在一起的时光实在不多。她从小跟着奶奶长大,虽然后来被接到兰考和爸爸妈妈一起生活,但是当县委书记的爸爸实在是太忙了。

小守云喜欢听妈妈讲爸爸以前的故事。她一遍遍地请求妈妈讲。妈妈就一遍遍地讲给她听。这些故事温暖了小守云的心,也让她更加了解、懂得了自己的父亲焦裕禄。

妈妈说,爸爸是个天性乐观,又多才多艺的人。他会好几种乐器,二胡拉得尤其好,上学的时候就参加了学校组织的乐队。后来,爸爸参加了革命,在行军的路上,他还加入了宣传队,参加了大型歌剧《血泪仇》的排演。在《血泪仇》里，爸爸扮演了一位名叫王东才的农民，他被地主逼债，只好把自己的两间房三亩地都抵押给了地主，一家人被迫出去讨饭。讨饭的路上，王东才的儿子小拴被田保长抓走当了壮丁，女儿小花也被田保长看上了……爸爸的表演非常投入，非常打动人。这部歌剧的反响出奇的好，后来演出了许多场，在当地广为人知，妈妈也是通过这部歌剧知道了爸爸，渐渐地两个人熟悉了起来，最后走到了一起。

妈妈说，爸爸是个做什么事情都要拼尽全力做到最好的人，是个拼命三郎。以前他在洛阳矿山机械厂当车间主任的时候，经常接到很重的生产任务。为了能更好地完成任务，他常常一连几天天天工作到深夜，饿了，啃个干馍，困了，就用冷水冲冲头。有一次，为了完成一个特别重大又特别紧急的生产任务，爸爸干脆就住进了车间里，在一条长凳上睡了五十多天。

妈妈说，爸爸是个勤奋好学，喜欢动脑筋思考的人。在大连起重机厂实习的时候，为了弄清一个零件的工艺线路，他带着零件跑遍了生产线上的大小机床，不摸透每道工序的加工情况决不罢休。他会带着看不懂的图纸下车间，对着机床和零件学，哪张图纸画的哪一面，哪条线代表着哪个边，什么符号代表什么零件，他都非要一一弄个明白不可。他不但勤奋好学，还一边学，一边思考，一边动笔写文章，在厂报上一篇接一篇地发表文章。

妈妈说，爸爸一篇接一篇地发表文章，一笔接一笔地领来了稿费。妈妈就用这些稿费改善伙食，给孩子们买布做衣裳。妈妈还给爸爸做了一套黑呢子中山装，爸爸穿上去精神极了，妈妈自己也做了布拉吉，那是一种苏联风格的连衣裙，是当时的时髦款式。妈妈和爸爸一起，去参加苏联专家办的舞会，爸爸跳起舞来姿势优美，风度翩翩……

小守云常常想象着爸爸穿着帅气的黑呢子中山装，翩翩起舞的样子。她觉得，爸爸的这个形象和她所熟悉的，那个在兰考工作和生活的爸爸的形象简直判若两人。在小守云看来，在兰考的爸爸朴素到了极致，节俭到了极致——

爸爸总是穿着带补丁的衣裳，他的鞋子、帽子、袜子，也都是缝缝补补，一穿再穿，无论破得多厉害都舍不得丢掉。有时候妈妈都生气了，不肯再给爸爸补，爸爸就找针线，自己补。他有一条土布棉被，前前后后打了四十二个补丁，一条白底的褥子上，打了三十六个补丁。每当有人劝他换新的，他总是说："我觉得这就挺好了，比我从前要饭的时候披着麻包片，在房檐底下避雪强多了。"他办公用的桌椅也都十分破旧了，却怎么也不肯让人换新的，他说："坐在破椅子上就不能革命吗？我看都一样！"

爸爸自己节俭，也希望自己的孩子都能艰苦朴素。

姐姐守凤有一件花布大衣，是九岁上小学那年做的，一直穿到了她上初三。刚做的时候大衣长得拖到了脚跟，到初三的时候已经只够半腰了，还补上了好多个补丁。有一天，学校里一个同学笑话她："你爸还是县委书记哩，咋连件新衣裳也不给你做？"守凤回到家里，就对爸爸说："人家都说你还是县委书记哩，怎么让我穿这么破的衣裳。"爸爸笑着指了指自己身上的那件衣裳："人家都说我自己好歹是个县委书记哩，咋衣服上总是补丁摞补丁。可我觉得呀，穿旧衣裳呀，不丢人！只要穿得整齐、干净就行啦。"

那天晚上，爸爸很亲切地给守凤讲了许多道理。守凤虽然那时已经是个爱美的少女，但她还是听了爸爸的话。她让妈妈帮她把那件大衣改成了小棉袄，继续穿着。后来，棉袄袖子破得实在不能穿了，她又让妈妈给换上了两个袖子，照旧穿着。

弟弟国庆上小学的时候，很爱学习，就是用起铅笔来很费，因为他写字的时候喜欢把笔尖削得细细的，这样铅笔就不耐用，写一次作业都要削好几次铅笔，一支新铅笔用不了两天就变得很短，握在手里很不舒服了，这时国庆就会扔掉旧铅笔，换支新铅笔用。后来，爸爸发现国庆老是要买新铅笔用，就对他说："你用过的铅笔头呢，我看看还能用吗？"国庆告诉爸爸，用旧了的都扔掉了。爸爸就说："那你以后要用旧铅笔来换新的。"

国庆不大情愿，但也只好答应了。到了下次该换新铅笔的时候，他就拿着旧铅笔去找爸爸换新铅笔。结果爸爸接过国庆的旧铅笔看了看，找了一个笔帽套了上去。"你看，这样不是就可以继续用了吗?"爸爸说着,还在纸上给国庆示范了一下。

国庆没办法,只好继续用套着笔帽的旧铅笔。就这样直到把旧铅笔用成花生米大小的时候,才从爸爸那里换来了新铅笔。

后来有一天,国庆放学回来,提出来要买一个文具盒。他说班上的同学都有文具盒,就他没有。而且没有文具盒,直接把铅笔放进书包,笔尖常常折断,这样也是一种浪费。爸爸觉得国庆的要求合理,就答应了他。但爸爸并没有花钱去商店给国庆买文具盒,而是亲自动手给他做了一个。他借来小锯子和锉刀,给国庆做了一个木头文具盒,还用纸在文具盒上粘了"好好学习,热爱劳动"八个字。爸爸的木工活很不错,文具盒做得小巧精致,不比买来的差,爸爸的字也写得十分漂亮大气,国庆觉得很满意。

爸爸虽然是县委书记,按月领一份工资,可是家里人口太多,加上爸爸经常把工资接济给那些更穷苦的人,所以家里的日子也总是很拮据的。但爸爸坚决不肯搞一点点特殊。一次,快过春节了,县委厨房给家里送来了几斤猪肉，孩子们欢天喜地，因为平日里是很难吃得上肉的。可是等爸爸问清楚肉并不是人人都有，是单独照顾他的，就立刻把肉退了回去。还有一次，县委福利会的同志给家里送来了三斤棉花票。妈妈拿到这棉花票高兴得不得了，盘算着给这个孩子做件棉袄，那个孩子做条棉裤，盘算了好半天，可到后来，爸爸还是把棉花票给退了回去。

其实，小守云和兄弟姐妹们一直都是有怨言的。他们觉得爸爸节俭得太过分，有时候不近人情。他们是县委书记的孩子，凭什么比别人家的孩子吃得更差，穿得更破旧呢？小守云还知道，其实妈妈的心里也是有怨言的，只是妈妈习惯把怨言藏在心里，默默支持爸爸的一切决定。

长大以后，特别是自己也成了一名共产党员以后，小守云渐渐懂得了爸爸的心。爸爸当年是兰考的县委书记，和兰考的人民同甘共苦，是他作为一名共产党员的信仰。当年兰考的人民正处于饥荒之中，他怎能安心自己吃得好，穿得好呢？所以，他才要带头穿补丁衣，喝野菜汤，不但自己节俭，也希望家人能艰苦朴素。

　　也正是如此,兰考的人民才真正把爸爸当成了贴心人,当成了自己人,才愿意信赖他,跟随他,齐心协力地战灾荒,改天换日。

旧藤椅记得

小的时候,我们只喜欢新的东西,新的衣裳,新的鞋子,新的笔记本……

长大后,我们才渐渐开始珍惜旧东西,旧的书,旧的背包,旧的相册……我们才渐渐懂得,旧东西虽然在岁月里失去了鲜艳的色泽,但它们却保留了记忆的温度。

那支老旧的钢笔记得焦裕禄用它写下的每一个字。它记得他站在遮天蔽日的风沙里,费力地标注风路和沙丘的位置。它记得他站在滂沱大雨里,艰难地画下一幅又一幅的水势图。它记得他彻夜地和群众谈心,一字一句地记下他们的心声。它记得他在大雪纷飞的日子里记挂着群众的冷暖而写下《雪天六条》。它记得他为了纠正干部的坏风气而写下的《干部十不准》。它记得他满怀豪情地总结战胜"三害"的经验,写下的《兰考人民多奇志,敢教日月换新天》……

那辆老旧的自行车记得它陪焦裕禄走过的所有的路。风大的日子,它和主人一样落一身沙土,雨多的日子,它和主人一样满身泥浆。早出晚归,披星戴月,那都是习以为常的事。焦裕禄骑惯了这辆旧自行车,感觉它就是自己的一部分。其实上级给兰考县委配发了一辆小汽车,但焦裕禄几乎从来不坐。在焦裕禄看来,小汽车除了省力气,其他方面都比不上自行车。骑自行车下乡,可以一路走,一路和在田地里劳作的群众打招呼,唠家常,了解他们的想法和愿望。小汽车可就不行了,跑得太快,群众走路跟不上;玻璃太厚,听不见群众的声音。在焦裕禄的心中,听见群众的声音,了解群众的疾苦,永远是第一重要的事。兰考一共有一百四十个村,焦裕禄骑着他的旧自行车,只用了一年的时间,就走访了一百二十个……

那把早已褪色的老藤椅记得焦裕禄坐在它上面度过的每分每秒。它记得他的笑声，也记得他的叹息。它记得他为了兰考人的福祉，时常夜深了还在工作。它更记得，他为了战胜病痛而付出的勇敢卓绝的努力。

在兰考的四百多个日日夜夜，焦裕禄的肝病一直在持续加重。但他不肯停下来休息，更不肯放下工作去住院治疗。有那么多的群众还吃不饱，穿不暖，他怎么能安心休息，安心治病呢？所以，他给自己开出了药方：用硬物顶住腹部压住疼痛，全力地投入工作，忘记病痛。不管是主持会议还是听取汇报，不管是阅读文件还是写工作报告，他总会把右脚踩在椅子上，用膝盖顶住肝部。冬天时他的棉衣总有两个扣子是不扣上的，这样方便他用左手压住疼痛的部位。他手里抓住什么就用什么，茶杯盖子，鸡毛掸子，刷衣服的刷子，都被他当成了和疼痛做斗争的武器。日子久了，藤椅竟被他顶出了一个大窟窿。后来的日子里，许多人看到那个大窟窿，都会被他的坚强和忍耐打动，情不自禁地流下眼泪。

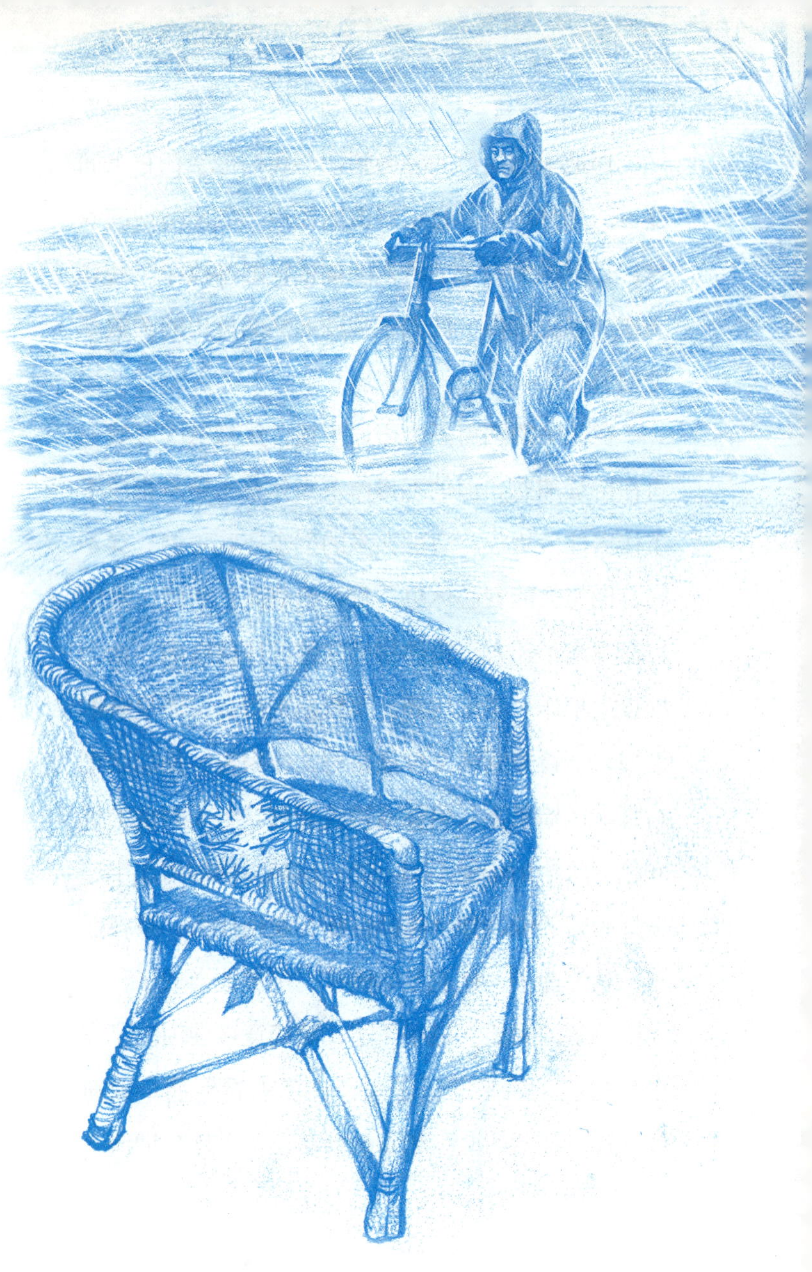

随着病情一天天加重,压迫止痛法也变得越来越不管用了。这天,焦裕禄去参加地委会议,轮到他发言时,大家才发现他满头大汗,已经疼得说不出话来了。地委的领导立刻派人把他送到了医院。可他记挂着兰考的大事小情,在医院里连一天都待不住。地委领导只好派一个干事从早到晚紧盯着他,可到了第四天,他还是想办法支开了干事,"逃"回了兰考,立刻投入到工作中。现在正是春天啊,一年之计在于春,有太多的工作等着他去安排,他觉得每分每秒都是无比宝贵的。

不久之后,焦裕禄去三义寨村检查工作的时候,终于支撑不住晕倒了。他被紧急送进兰考县医院。县医院做了初步的检查,建议立刻转院到开封。这一次,焦裕禄知道自己凶多吉少,怕是很难再回到工作岗位了。于是,他恳求再给他一天时间。

这一天,是一九六四年的三月二十二日。焦裕禄利用这好不容易争取来的宝贵一天,强忍病痛安排好各项工作,一直忙到了深夜。

三月二十三日一大早,兰考县委大院前就聚集了许多来为焦书记送行的群众。听说焦书记要离开兰考去治病,很多人难过得整夜睡不着,天没亮就赶来了。

天蒙蒙亮时,县委大院的门开了,焦裕禄在妻子和女儿的搀扶下走了出来,慢慢地向火车站走去。因为难忍的疼痛,他根本没办法挺起腰来,只好弯着腰,一步一步艰难地往前走。但是看见眼前一张张关切、焦虑的脸,他还是努力露出了笑容:"回去吧,同志们,大家不要担心。我很快就会回来的。"

没有一个人离开,送行的队伍反而越来越长。焦裕禄不时地停下来,向人们挥挥手:"回去吧。回去吧。"

天色渐渐亮了一些,送行的队伍还在不断地加长,渐渐汇成了一眼望不到尽头的人流。人们眼中噙着泪,默默地一路陪着焦书记,一直把他送上了开往开封的火车。

汽笛声响了。火车载着兰考群众沉甸甸的期待,渐行渐远。送行的人们却久久地不肯离开,他们向着火车远去的方向,不停地挥手,挥手。

在开封的医院住了几天后,焦裕禄又被转到了郑州,住进了河南医学院附属医院,在那里,他被确诊为肝癌晚期,皮下扩散。

请带一束麦穗给我

一九六四年的春天,兰考形势一片大好。大片的泡桐树幼林生机满满,一树树稚嫩的花苞悄然地生长,用不了多久,这些花苞就会全部绽放,泡桐花的香气会弥漫在兰考大地的每一个角落。先前的大规模压沙治碱行动成效卓然,风沙减少了,原先的盐碱地已经变成大片良田。田里麦苗青青,长势喜人,放眼望去,是一片令人心旷神怡的新绿。与此同时,烧窑、编筐……各种副业也欣欣向荣地发展起来了,农民收入增加了,心气也高了。

在接下来的日子里,意气风发的兰考人还有很多大事要干,四月份有两个治水战场:贺李河将要开挖,为此要调动一万人;黄河堤要加固,为此要集结一万五千人的力量。另外，还有十七万亩的花生要种，有更大规模的泡桐林要种……

然而，兰考这场改天换地大行动的总指挥——焦裕禄书记却在这个春天里倒下了。他躺在病床上，生命垂危。

但病床上的焦裕禄想得最多的并不是自己的病，在一次次承受着剧烈疼痛的间隙，他心心念念的，仍然是兰考的大事小情。只要有兰考的同志到医院看他，他就会迫不及待地问这问那：张庄的沙丘封住了没有？刮大风的时候沙区的麦子受影响没？赵垛楼的秋苗淹了没有？秦寨盐碱地上的麦子长得怎样？老韩陵地里的泡桐树栽得怎么样了？

同志们含着泪，一一回答他的问题：沙丘封好了，起作用了，虽然前几天连续刮大风，但沙丘附近的麦子都还好好的，长得很好。排涝工程也发挥了作用，洼地里的秋苗也全都保住了。今年的泡桐树树苗也全都栽好了，成活率很高。盐碱地上的麦子也全都长势喜人，不久之后一定会是大丰收……

对焦裕禄来说，这些话比什么药都管用。他那被病魔摧残得憔悴不堪的面容上，绽开了由衷的笑容。

"下次请带一束盐碱地的麦穗给我吧。"焦裕禄轻声地说。

"等泡桐树开了花,拍张照片给我吧,我想再看一眼兰考的泡桐花。"过了一会儿,焦裕禄又说。

最后的告别时刻终于来临了。

焦裕禄看着围绕在病床边的家人,心中万般不舍。他把自己唯一的贵重财产——腕上的手表摘下来,戴在大女儿守凤的手腕上,说:"戴上它上班不要迟到。"他对自己心爱的妻子说:"这些年跟着我受苦了,以后家里的担子也都落在你一个人身上了。"

他也同样舍不得他为之付出一切的兰考。他对来医院看他的领导说:"我活着,没有治好兰考的沙丘,死后,请把我埋在沙丘上。我要看着兰考人民把沙丘治好……"

这便是他最后的嘱托。

其实,焦裕禄去世一个月后,兰考的麦子就丰收了。

他去世的第二年,兰考历史上第一次实现了粮食自给。许多兰考人自发蒸了香喷喷的白馍,带到焦裕禄的墓前,告慰这位为了兰考鞠躬尽瘁、死而后已的好书记。

小继焦的故事

小继焦本来的名字叫小徐州,他是个在逃荒路上出生的苦孩子。

小徐州的爸爸叫张传德,是兰考县红庙公社葡萄架大队的人。一九六三年春节前后,家里的粮食吃光了,钱也用光了,就连取暖的柴火也没有了,日子实在过不下去了,张传德只好带着妻子到徐州一带逃荒要饭。到徐州后不久,妻子就生下了一个男孩,取名为张徐州。当地自古有种风俗,产妇不满月,是不能进别人家门的。这样一来,他们一家人无处存身,只好扒火车赶回兰考。

当时的小徐州刚刚出生六天,因为营养不良而十分瘦弱。那时的火车总是人满为患,空气又不流通,小徐州很快便染上了黑热病,才刚回到家里就已经奄奄一息。

张传德含着眼泪,给小徐州准备了谷草和箩筐。当地的习俗是,夭折的小婴儿并不入土,而是用谷草裹住放进箩筐,直接扔到乱葬岗。

小徐州的妈妈把小徐州紧紧地抱在怀里,心里万般不舍。多可怜的小家伙啊,他还没来得及好好感受阳光的温暖,雨水的清凉,他还不曾见到过一朵花,听到过一声鸟鸣。他甚至不曾饱饱地喝过一顿奶。眼下虽然还是冬天,但春天很快就要来了。等春天来了,家里的日子会好过一点点的。可是可怜的孩子等不到那个时候了……

小徐州的妈妈越想越悲伤,忍不住号啕大哭,哭得心都要碎了,左邻右舍听到了,也忍不住直抹眼泪。

就在这时,门被推开了,县委书记焦裕禄走了进来。焦裕禄这天恰好到葡萄架大队来访查,路过张传德家门口时听到了哭声,就走了进来。

看了看地上的谷草和箩筐,又看了看抱着孩子哭得上气不接下气的母亲,焦裕禄立刻明白了是怎么回事,忍不住潸然泪下。

他走上前,摸了摸孩子的胸口,发现还有点儿热乎气儿。说不定还有希望,他心里暗想,便当机立断地掏出钢笔,从笔记本上撕下张纸,给兰考县医院的负责人写了张便条。

"快,拿着这张条子,马上带孩子到县医院去。我晚些时候再给医院那边打个电话。"焦裕禄把便条塞进张传德的手里,"抓紧时间。孩子也许还有救。"

张传德就像抓住救命稻草似的,把焦书记给他的条子紧紧地捏在手里。他的妻子也赶紧擦干了眼泪,夫妻俩用架子车拉着小徐州,向县医院赶去。

在县医院,小徐州得到了十分及时的救治。医生们连夜进行了抢救。当时小徐州瘦得只剩皮包骨,血管细得根本无法下针,护士们都手足无措。还好,最后他们找来了一位有经验的老护士,从脚趾上下了针,总算给小徐州输上了液。

这一夜,几班医生、护士轮流看护,治疗,终于,他们把小徐州从死神的手里抢了回来。

半个月后,小徐州会吃奶了……

一个月后,小徐州会笑了……

医院里的医生和护士们都很喜欢这个既不幸又幸运的小娃娃,他们一有空就来病床前看他,逗他开心,也会带一些好吃的东西,送给小徐州的父母。

终于,小徐州可以出院了。医生护士们一直把他们一家人送到了医院的大门口。

一家人高高兴兴地回到村里,立刻被乡亲们团团围住了。于是张传德把小徐州高高地举了起来说:"这是焦书记救活的孩子!"

日子一天天过去,小徐州一点点长大了,长得很是活泼结实。他就像一道阳光,照亮了这个贫苦的家庭。

张传德和妻子时时刻刻记着焦书记的恩情。在焦裕禄去世以后,他们给小徐州改名为小继焦,用这种方式来纪念他们无比尊敬、满怀感激的焦书记。

焦裕禄一共有六个子女。在他去世之后,小继焦成了他家的第七个孩子。他喊焦裕禄的妻子徐俊雅为妈妈,和徐俊雅十分亲近。徐俊雅对这个最小的孩子也格外呵护。因为徐俊雅觉得,这孩子既然是焦裕禄救活的,那就是焦裕禄和这个孩子有缘。焦裕禄不在了,她就要替丈夫好好照顾他。她也是用这种朴素的方式,表达对丈夫的思念之情。徐俊雅后来为小继焦操了很多心,小继焦长大后,她还张罗着为他娶了媳妇。小继焦长大后也十分知道感恩,真心对待徐俊雅,后来焦家的孩子们陆陆续续离家工作,小继焦承包了家里大大小小的力气活。结婚以后还照样三天两头到家里吃饭,陪徐俊雅说说话,排遣她的寂寞之情。

　　焦家这第七个孩子,虽然和焦家没有血缘关系,却和其他孩子一样得到了一份平等的爱。徐俊雅去世后,留下的微薄遗产也被平分成七份,继焦也得到了其中的一份。

我的名字叫"焦桐"

春天的早晨,兰考大地醒来了。这是兰考一年里最美的季节。四处可见的泡桐树全都开花了,一树树紫色的花朵开得恣意、热烈,云蒸霞蔚,芳香四溢。

在所有这些泡桐树中,有一棵最为特别。

"你好呀,泡桐树,"初升的太阳问候它,"你的树干多么挺拔啊,你一定是方圆百里树干最粗壮的泡桐树吧?"

"当然啦,"泡桐树骄傲地回答,"因为我的名字叫焦桐,所以我总是格外努力地生长。"

"你好呀,泡桐树,"吹过大地的晨风问候它,"你的枝叶多么苍翠啊,你一定是方圆百里枝叶最茂密的泡桐树吧？"

"当然啦，"泡桐树骄傲地回答，"因为我的名字叫焦桐，所以我比别的泡桐树更快乐，更勇敢。"

"你好呀，泡桐树，"从半空飘过的云朵问候它，"你的花朵多么好看呀，你一定是方圆百里最美丽的泡桐树吧？"

"当然啦，"泡桐树骄傲地回答，"因为我的名字叫焦桐，所以我得到了更多的爱，拥有更多的力量。"

……

这棵名字叫焦桐的泡桐树，它的确有理由为自己感到骄傲。因为，一九六三年的春天，是焦裕禄书记亲手栽下了它。如今五十多年过去了，它已经粗壮得两个人都抱不拢了，不过，它仍然记得，当初它曾经是棵被遗弃的幼苗。

那时，人们正热火朝天地植树，它的许许多多的兄弟姐妹都欢喜地被种进了泥土里，而它却被遗忘在地头上，孤单又无助。后来，下乡来检查工作的焦书记发现了它。焦书记说："这棵苗虽然小，但根有劲儿啊,种下去也一样能长成材。"

然后,焦书记选了一块空地,亲手栽下了它。

它没有辜负焦书记的信任和期待。一个月后,焦裕禄再次来到这里,惊喜地看到它不仅活了,而且活得精精神神。焦裕禄非常开心,还特意请人给他和这棵小泡桐树拍了一张照片。

在焦裕禄的心里,种植泡桐林是大事,是百年大计。在他看来,造林是为了治沙,治沙是为了粮食增产,所以,造林是事关生死存亡,彻底改变兰考面貌的大计。在他亲手种下的焦桐身上承载着的,正是这份沉甸甸的期待,正是这份让兰考人过上好日子的决心。

如今,在兰考人的心里,焦桐已经成了焦裕禄的化身,成了焦裕禄精神力量的象征。他们珍爱这棵树,格外呵护这棵树,用这种方式来怀念他们的焦书记。有一位姓魏的老大爷主动申请,当了焦桐的义务护理员。他在焦桐附近住了下来,每日早中晚三次检视,许多年如一日。

在焦桐树下有一块大石头,大石头上面刻着一首歌的歌词,歌的名字叫《泡桐与焦裕禄》——

在那桐花盛开的地方，粉红的喇叭花向人们播放：昔日兰考风沙大呀，盐碱内涝不产粮。来了书记焦裕禄，决心拼命干一场。翻淤排涝治盐碱，挡风固沙植树忙。桐叶录下豪壮语哟，桐花年年来播放。

在那桐花盛开的地方，粉红的喇叭花向人们传扬：当年焦书记在兰考呀，百姓冷暖挂心上。大雪封门访贫苦，饥寒送去衣和粮。铁脚走遍乡村路，一心为民忠于党。焦桐录下公仆影哟，桐花岁岁来传扬。

在那桐花盛开的地方，粉红的喇叭花向人们传唱：今日兰考景色美呀，林茂粮丰机声扬，荒滩崛起一座城，工业园区建设忙。泡桐成了摇钱树，民族乐器响四方。桐板录下赞颂歌哟，桐花代代来传唱。

种下泡桐树，
引来金凤凰

你一定听过古琴那沉静古朴，明净浑厚的声音吧？

你一定听过古筝那悠远含蓄，行云流水般的声音吧？

你一定听过琵琶那清清亮亮，动人心弦的声音吧？

诗人李颀在《琴歌》里这样写古琴："铜炉华烛烛增辉，初弹渌水后楚妃。一声已动物皆静，四座无言星欲稀。"诗人薛能在《京中客舍闻筝》里这样描写古筝："十二三弦共五音，每声如截远人心。当时向秀闻邻笛，不是离家岁月深。"诗人白居易在《琵琶行》里这样描写琵琶："大弦嘈嘈如急雨，小弦切切如私语。嘈嘈切切错杂弹，大珠小珠落玉盘。"

中国民族乐器的美，总是这样美得澄澈，美得空灵，声声入耳，动人心弦。不过，你知道吗？如今发出这样美妙声音的乐器，很有可能是兰考制造的！即使成品乐器不是出自兰考，它们的音板也十有八九是由兰考的泡桐木制成的。

其实，像古琴、古筝、琵琶、柳琴这样的民族乐器，自古就以泡桐木作为音板材料。古代"四大名琴"之一的"焦尾琴"，正是用泡桐木制成的。传说东汉蔡文姬的父亲蔡邕是个了不得的人物，博学多闻，尤精音律。有一天蔡邕去朋友家，路过一户人家正在烧柴做饭，他听到木柴在火中爆裂的声音，立刻就知道这是一块上好的桐木，用来制琴再好不过了，他连忙冲进这户人家，从炉膛里救出了那块已经烧焦了一部分的桐木。然后，他请能工巧匠用那块木柴制琴。这块木柴连同烧焦的那部分一起用上，刚刚好制成了一张琴。琴制成后所弹出的音乐纯净悠扬，非常美妙。因为这张琴的尾部烧焦了，所以当时人们把这张琴就叫作"焦尾琴"。

从焦尾琴的故事里我们可以知道，泡桐木，的确是制作乐器的良木，而谁也没有想到的是，兰考出产的泡桐木横空出世，很快被乐器制作师们认定为"良木中的良木"。从此以后，大大小小的乐器厂都开始争抢兰考的泡桐木。对兰考人来说，这真的是个大大的惊喜。

神奇的是，兰考的泡桐树之所以被认定为"良木中的良木"，竟得益于兰考的自然条件。兰考一带是沙土地，昼夜温差大，所以这里出产的泡桐木材质疏松，却宁折不弯，被称作"会呼吸的木材"。用这样的木材做出的音板，发出的声音格外美妙悦耳。

五十多年前，是风沙、盐碱让焦裕禄选择了在兰考大地上广栽泡桐树，而当这一棵棵泡桐树经过数年风霜，长大成材可以砍伐时，人们欣喜地发现，原来焦书记给兰考人留下了一座取之不尽，用之不竭的"绿色银行"。因为有了这大片大片的泡桐林海，有了这一茬接一茬的泡桐树，如今的兰考才成了"国家民族乐器音板生产基地"，凭此每年能够带来的收益多达十几亿元。

"种下泡桐树,引来金凤凰。"原来,当年焦书记带领兰考人栽种的泡桐树,真的为兰考人引来了金凤凰。

眼里的景，
心里的景……

一九六二年十二月六日，焦裕禄带着一封介绍信，只身来到兰考赴任。他到达县委办公室的时候已经暮色沉沉，凛冽的寒风呼呼地刮着，空气中弥漫着尘土的气息。

县委办公室的工作人员略带惊讶地接待了这位从天而降的新书记。他们匆忙地把县委接待室收拾了一番，把两张单人床拼起来，铺了被褥，又准备了个煤炉，就算是把新书记安顿好了。

第二天，当大家还在议论"听说来了位新书记，不知何方神圣"时，焦裕禄已经和县委的几位同志下乡去了。

那天他去的是兰考灾情最严重的公社和大队。

他从这个大队到那个大队,一路走,一路和同行的干部谈论。见到沙丘,他说:"栽上树,岂不是成了一片好绿林!"见到涝洼地,他说:"这里可以栽苇、种蒲、养鱼。"见到盐碱地,他说:"治住它,把一片白变成一片青!"转了一圈回到县委,他满怀豪情地向大家说:"兰考是个大有作为的地方啊。"

许多年过去了,那天陪焦裕禄一起下乡的干部仍然记得那天的情景,每每回想仍忍不住惊叹,这位焦书记是怎样一位乐观、勇敢又有浪漫情怀的人啊,哪怕眼里的景一片荒芜,心里的景却是繁花似锦。眼里的,是光秃秃的沙丘,心里的,是苍翠的树林;眼里的,是不起眼的臭水沟,心里的,是碧波涟涟的鱼塘;眼里的,是盐碱地寸草不生,心里的,是沃土良田麦苗青青……

那一天,和焦裕禄书记走在一起、同行的干部们心里都热乎乎的,他们仿佛也都看见了焦书记心里的景。

五十多年过去了,人们满怀惊喜和敬意地发现:当年存于焦裕禄书记心里的景,已经全部化为现实……

如今,全县二十四万亩沙荒地、二十六万亩盐碱地、二十八万亩涝洼地已经被根治,沙荒地变成了绿洲,盐碱地变成了良田。曾经风沙蔽日的兰考,如今满目苍翠。到二〇一六年,兰考全县林地面积达到三十万亩,农桐间作三十八万亩,农田林网三十六万亩,林木覆盖率达到了20.16%。放眼望去,一道道的绿色屏障肩并肩,手挽手,守护着兰考的天空和大地,在这百万亩土地上,呈现出"林在田边,粮在树边,农林结合,林茂粮丰"的新格局。

焦书记在生命最后一刻仍心心念念的二百六十一个大小沙丘,如今早已被淤灌成了高产田、稳产田。焦书记一直牵肠挂肚的排涝工作也取得了巨大进展。二十世纪九十年代,县委组织民工开挖沟渠六百六十二条,还新打了一千一百二十眼机井,大大增加了农田的有效灌溉面积,让农业的增产又登上了新的台阶。

兰考的治沙成就世界瞩目。一九八七年九月,马里共和国议长参观了兰考,惊叹于兰考治沙造林

中华先锋人物故事汇　焦裕禄

取得的成绩，感慨地说："马里和兰考的风沙很相似，但我们是风沙向前进，人们向后退，而你们却是人们向前进，风沙向后退，真的是了不起啊！"

如今的兰考，是五谷丰登、六畜兴旺的兰考；如今的兰考，是百业俱兴、田园似锦的兰考；如今的兰考，是焦书记曾经梦着的兰考；如今的兰考，是足以告慰亲爱的焦书记的兰考……

两千多年前，孔子站在黄河边，叹道："逝者如斯夫，不舍昼夜。"几千年的时光里，有多少风流人物曾经来了又走了，而当年那个推着独轮车，梦想让家人过上好日子的少年，也早已化成了夜空中一颗闪亮的星。

然而，他从来不曾真正的离去。他仍然在这里，在泡桐树那一串串紫色的花朵里，在田野中一束束金黄的麦穗里。

他是大地的儿子，永远活在千千万万的兰考人不泯的记忆里。